xin dazhong zhexue

新大众哲学·2·唯物论篇

反对主观唯心主义

王伟光　主编

人民出版社

中国社会科学出版社

责任编辑：任　哲　仲　欣

封面设计：石笑梦

版式设计：汪　莹

图书在版编目（CIP）数据

反对主观唯心主义 / 王伟光　主编 .

　－北京：人民出版社：中国社会科学出版社,2014.9（2021.11 重印）

（新大众哲学）

ISBN 978－7－01－013841－1

I. ①反…　 II. ① 王…　 III. ① 主观唯心主义－研究　 IV. ① B081

中国版本图书馆 CIP 数据核字（2014）第 191608 号

反对主观唯心主义

FANDUI ZHUGUAN WEIXINZHUYI

王伟光　主编

人民出版社　出版发行
中国社会科学出版社

北京汇林印务有限公司印刷　新华书店经销

2014 年 9 月第 1 版　2021 年 11 月北京第 8 次印刷

开本：880 毫米 × 1230 毫米 1/32　印张：8

字数：140 千字

ISBN 978－7－01－013841－1　定价：20.00 元

邮购地址 100706　北京市东城区隆福寺街 99 号

人民东方图书销售中心　电话（010）65250042　65289539

目录

新大众哲学

前言

　　20世纪30年代，著名马克思主义哲学家艾思奇（1910—1966年）写过一部脍炙人口的《大众哲学》（最初书名为《哲学讲话》）。该书紧扣时代脉搏，密切联系中国实际，将马克思主义哲学的基本道理以生动活泼的形式，深入浅出的笔法，贴近大众的语言，通俗而生动地表达出来了。《大众哲学》像一盏明灯，启蒙了成千上万的人们走上中国共产党领导的革命道路。

　　光阴如梭，《大众哲学》问世迄今已逾八十年。八十年在人类历史上只是短暂的一瞬，但生活在这个时代的人们却经历着沧桑巨变！人们能够真切地感受到，科学技术发展一日千里，全球化、信息化浪潮汹涌澎湃，工人阶级和社会主义运动势不可当，当代资本主义内在矛盾激化演变，中国特色社会主义实践日新月异，人们的生活"每天都是新的"。历史时代和社会实践的显著变化，呼唤新的哲学思考。以当年"大众哲学"的方式对现实作出世界观方法论的解答，写出适应时代的"新大众哲学"，既是艾思奇生前未竟的夙愿，更是实践的新需要、人民的新期待、党和国家的新要求。

今天编写《新大众哲学》，要力图准确判断和反映时代的新变化，进行新的哲学的分析。纵观人类历史发展的总体进程，我们的时代是资本主义逐步走向灭亡、社会主义逐步走向胜利的历史时代。尽管马克思主义经典作家早就敲响了资本主义的丧钟，但旧制度的寿终正寝却是一个漫长的历史过程。试看当今世界，通过工人阶级和劳动大众的持续抗争，资本主义不再那么明火执仗、赤裸裸地掠夺，而是进行生产关系与上层建筑体制的局部调整，运用"巧实力"或金融手段实施统治。资本主义不仅没有马上"死亡"，反而表现出一定的活力，然而其不可克服的内在矛盾导致的衰退趋势却是不可逆转的；苏东剧变之后，尽管国际共产主义运动陷入低潮，但社会主义中国则以改革开放为主旋律蓬勃兴起，中国特色社会主义的成功开拓，推动共产主义运动始出低谷。资本主义与社会主义的竞争、较量、博弈正以一种新的形式全面展开。时代的阶段主题由"战争与革命"转向"和平与发展"，但马克思主义经典作家所揭示的整个时代的基本矛盾并没有改变，人类历史的新的社会形态终将代替旧的社会形态的历史总趋势并没有改变，引领时代潮流的时代精神——马克思主义世界观方法论并没有过时。马克思主义哲学是社会实践的理性概括。作为科学社会主义理论基础的马克思主义哲学，需要重新审视资本主义和社会主义及其关系，给大众提供认识社会历史进程和人类前途命运的新视野。《新大众哲学》要准确把握时代变化的实质，引领大众进行新的哲学认知。

编写《新大众哲学》，要力图科学思考和回答科技创新和生产力发展的新问题，赋予新的哲学的概括。科学技术已经成为"第一生产力"，全面、深刻地塑造着整个世界。全球化、信息化、市场化，高新科技的发展和应用，令世界的面貌日新月异。现代资本主义几十年所创造的生产力，远远超过了资本主义几百年、甚至人类社会成千上万年生产力的总和。社会主义中国在与资本主义的竞争中，正在实现赶超式发展。尽管马克思曾经提出"科学技术是生产力""世界历史理论"等一系列重要思想，但当今的科技创新和生产力发展，包括全球化、信息化、市场化对经济、政治、文化、社会的全方位渗透影响，仍然提出大量有待回答的哲学之问。马克思主义哲学是人类社会生产实践和科学研究实践的思想结晶，需要对社会生产实践和科学发展实践提出的问题给予哲学的新解答。《新大众哲学》要科学总结高新技术和生产力发展提出的新问题，提供从总体上把握问题、解决问题的哲学智慧，进行新的哲学解读。

编写《新大众哲学》，要力图深刻总结中国特色社会主义伟大实践中涌现出的新经验，作出新的哲学的概括。中国特色社会主义是当代中国共产党人从事的一项"全新的事业"。改革已经引起了中国社会的深刻变革、社会结构的深刻变动、利益关系和思想观念的深刻变化，一方面推进了经济社会的飞跃发展，另一方面又带来了新的社会矛盾。马克思主义哲学理应正视人民大众利益需求的重大变化，探索满足人民日益增长的物质和文化需要的有效途径，研究妥善处理复杂的利益矛盾、建设富强民主文明和谐的社会主义现代化国家的正确道路。《新大众哲学》在回答重大现实问题的过程中，要对中国道路、中国模式、中国奇迹、中国特色社会主义新鲜经验予以世界观方法论层面的哲学阐释。

编写《新大众哲学》，还要力图回应当代国内外流行的各种哲学社会思潮，给予新的哲学的评判。哲学的发展离不开现成的思想成果，马克思主义哲学是在批判地继承人类一切优秀成果的基础上发展起来的，是在批判非马克思主义、反马克思主义思潮的思想交锋中发展起来的。人们在错综复杂的社会思潮冲击下，常常感到迷惘、困惑，辨不清是非，找不到理想的追求和前行的方向。在这场"思想的盛宴"中，如何"尊重差异，包容多样"，让一切有益于中国特色社会主义建设的思想文化充分涌流；同时，批判错误的哲学思潮，弘扬正确的哲学观，凝聚社会共识，让主流意识形态占领阵地，是马克思主义哲学不容回避的历史任务。《新大众哲学》要在批判一切错误思想、吸取先进思想文明的基础上，担当起升华、创新马克思主义哲学的历史使命。

时代和时代性问题的变化，现实实践斗争的发展，既为马克思主义哲学提供了新的源泉，又不断地对其本身的发展提出急迫的需求。对于急剧变化和诸多问题，马克思主义哲学经典作家没有亲身面对过，更没有专门深入阐述过。任何思想家都不可能超越他们生活的时代，宣布超时代的结论。列宁说："我们并不苛求马克思或马克思主义者知道走向社会主义的道路上的一切具体情况。这是痴想。我们只知道这条道路的方向，我们只知道引导走这条道路的是什么样的阶级力量；至于在实践中具体如何走，那只能在千百万人开始行动以后由千百万人的经验来表明。"[1] 但历史并不会因为理论的发展、理论的待建而停下自己的脚步。现实对马克思主义哲学创新充满期待，人们期待得到马克思主义创新的哲学观念的指导。

《新大众哲学》正是基于高度的使命感和理论自觉，努力高扬党的思想路线的旗帜，坚持解放思想、实事求是、与时俱进、求真务实，顺应时代潮流，深入思考和回答时代挑战与大众困惑。《新大众哲学》既不是哲学教科书，刻意追求体系的严密，也不是哲学专著，执着追求逻辑论证与理性推理；而是针对重大现实，以问题为中心，密切关注时代变化和形势发展，注重吸收人类思想新成果，进行哲学提升、理念创新，不拘泥于哲学体系的框架，以讲清哲学真理为准绳。在表达方式上，《新大众哲学》避免纯粹的抽象思辨和教科书式的照本宣科，以通俗化的群众语言来阐述，力求通俗易懂、生动活泼，贴近广大读者的新要求，让马克思主义哲学"讲中国老百姓的话"。

《新大众哲学》立足马克思主义哲学的本真精神，从总论、唯物论、辩证法、认识论、历史观、价值观、人生观七个方面围绕时代问题展开哲学诠释，力求将重大理论与现实问题提升到马克思主义哲学世界观方法论的高度加以分析与阐明，在回答重大理论与现实问题的进程中，力争推进马克思主义哲学的时代化、中国化和大众化。这是历史赋予马克思主义哲学义不容辞的责任，也是《新大众哲学》应当担当的历史重任和奋力实现的目标。或许，在这个信息爆炸、大众兴趣多样化的时代，这套丛书并不能解决大众所有的疑问和困惑，但《新大众哲学》愿与真诚的读者诸君一起求索，一道前行。

　　以上所述只是《新大众哲学》追求的写作目的，然而，由于《新大众哲学》作者们的水平能力有限，可能难以达到预期。再者，《新大众哲学》分七部分，且独立成篇，必要的重复在所难免。同时，作者们的文字功底不够扎实，文字上亦有不尽完善的地方。故恳请读者们指教，供《新大众哲学》再版时修订。

注　释

　　1 《列宁专题文集　论社会主义》，人民出版社2009年版，第399页。

坚持唯物论，反对唯心论

——唯物论总论

坚持唯物论，反对唯心论，是正确地认识世界和改造世界的哲学基础。坚持唯物论，反对唯心论，在工作实践中，就要坚决反对主观主义。

人类的全部哲学，可以划分为唯物主义和唯心主义两大阵营。唯物主义主张物质是世界的本原，是第一性的；精神是物质的派生物，是第二性的。是物质决定精神，不是精神决定物质。坚持唯物论，反对唯心论，是马克思主义哲学的根本立场和基本原则。

一、全部哲学的最高问题
——关于思维与存在关系问题的大讨论

思维与存在何为世界的本原？思维与存在有无同一性？这是哲学史上的一个历久弥新的重大而基本的问题。古往今来的哲学家们苦心探索，众说纷纭，论辩莫衷一是。

20世纪后半叶，在中国哲学界展开了一场关于思维和存在关系问题的大讨论。当时，中共中央马列学院（1955

年改名为中共中央直属高级党校，"文化大革命"期间停办，1977 年复校时定名为中共中央党校）的教员在讲授恩格斯的《路德维希·费尔巴哈和德国古典哲学的终结》（以下简称《终结》）一书时，由于对于"思维与存在的同一性"这一命题的理解不同而引发了争论。1958 年，《哲学研究》第 1 期刊登了一篇题为《思维和存在的同一性问题是哲学基本问题的第二个方面》的文章，引发了关于思维与存在关系问题的第一次讨论，讨论一直持续到 1961 年。1962 年《光明日报》发表了《什么是黑格尔思维和存在的同一论》一文，引发了关于哲学基本问题的第二次讨论。

杨献珍（1896—1992 年），作为中共中央直属高级党校校领导和哲学教员，参加了当时校内的关于"思维与存在同一性"问题的讨论。杨献珍是我国著名的马克思主义哲学家、理论家、教育家，是一位大革命时期就加入中国共产党的老革命家，有着光荣的艰苦卓绝的从事地下工作和监狱斗争的经历。新中国成立后，他长期担任中央党校的领导和教学工作，治学严谨，教学有方，为马克思主义哲学研究和党的干部教育事业作出了突出贡献。1959 年因反对"浮夸风、共产风、瞎指挥风、强迫命令风"，遭受长达 9 个月的错误的批判斗争，受到降职处分，由中共中央直属高级党校校长、书记降为副校长、副书记。1964 年又因提出"合二而一"而横遭打击。直到 1980 年 8 月 4 日，经中央书记处批准正式彻底平反，推翻了一切强加在他头上的不实之词，恢复党籍，恢复名誉，肯定了他的工作成绩。

1979 年，杨献珍在《学术月刊》发表了写作于 1975 年的《思维和存在同一性就是唯心主义先验论》、1973 年的《关于思维与存在的同一性问题的争论》和 1958 年的《略论两种思维的"同一性"——唯心主义的"同一性"和辩证法范畴的"同一性"》三篇文章，又引起了关于哲学基本问题的第三次讨论。

在这三次讨论中，主要就哲学基本问题是一个方面还是两个方面，思维与存在谁是第一性的、谁决定谁，二者有没有同一性的问题展开了争论。有人认为"思维与存在的同一性"是一个唯心主义命题，马克思主义经典作家从来都是把它当作唯心主义加以批判。有人则认为，马克思主义并不一般地否定思维与存在的同一性，而是反对把思维作为世界的本原、把存在作为思维的产物，反对把存在同一于思维，甚至将思维等同于存在的唯心主义。马克思主义坚持思维与存在唯物而辩证的同一性，认为存在是第一性的，思维是第二性的。思维和存在的同一，是以存在为前提、以实践为基础的唯物辩证的相互转化过程。

关于"思维与存在的同一性"问题的讨论，是在我国社会主义建设一度出现"大跃进"和人民公社运动偏差背景下展开的。在"大跃进"、人民公社化运动中，一些人主观意志膨胀，虚报浮夸成风。认为胆量等于产量，思想等于行动，甚至提出"不虚报，就不能鼓足群众干劲；不虚报，就不能促进大跃进的形势；不虚报，就于干部、群众脸上无光"。一位作家在《徐水人民公社颂》的文章中，介绍该公社创高产、"放卫星"，一亩山药120万斤，一棵白菜500斤，小麦亩产12万斤，皮棉亩产5000斤。他称颂"徐水人民公社将会在不远的期间，把社员们带向人类历史上最高的仙境，这就是'各尽所能，各取所需'的自由王国的时光"。有的人认为共产主义就在眼前，还描绘了不久的将来的美好生活："人人进入新乐园，吃喝穿用不要钱；鸡鸭鱼肉味道鲜，顿顿可吃四个盘；天天可以吃水果，各样衣服穿不完；人人都说天堂好，天堂不如新乐园。"

　　"思维与存在的同一性"问题的讨论，以哲学论辩的方式曲折地反映了实际工作中实事求是与主观主义两条思想路线的斗争。主张对于思维与存在的同一性可作唯物主义理解的一方，在理论上是正确的。有的学者尽管在理论上并不主张思维与存在等同，实际上却用思维与存在的同一性为"大跃进"中的主观主义、唯意志论表现进行论证。认为"思维与存在的同一性"是唯心主义命题的一方，在理论上有值得商榷之处，但坚决反对夸大思维对于存在、精神对于物质的反作用。杨献珍就在当时的讲课中多次对"大跃进"中的主观主义、唯意志论倾向进行尖锐批评，指出办事情不讲条件的做法就是唯心主义。

思维与存在关系问题的讨论对于搞清楚哲学基本问题，正确认识和把握思维与存在的关系，仍然具有重要启发意义。

为什么思维与存在是全部哲学的重大的基本问题呢？

自从"人猿相揖别"，人类学会了制造工具，运用工具进行劳动，人类及人类社会作为统一的物质世界的组成部分，就表现为物质与由物质派生的精神两大类现象，出现了精神与物质、思维与存在、主观世界与客观世界、人的认识活动与实践活动的分野。在社会生产和生活中，人们必然要直面物质和精神两大类现象，人对外部世界总要发生认识问题。"人生代代无穷已，江月年年望相似"。[1] 人类世代相续，日月东升西沉，江水奔流不息。人们面对浩瀚宇宙、万千景物和四时代序，不由生发出宇宙何来、万物何来、人与周围世界是什么关系的追问；人们要生存、繁衍、发展，必须在改造世界的同时不断深化对世界的认识。

人们在日常生产和生活中，总是要思考人自身与外部世界的关系问题，要思考和处理精神与物质、思维与存在、主

观与客观的关系问题。于是，思维与存在，便成为人类全部
认识和实践活动与外部世界发生关系的哲学基本问题。

　　人类在认识世界和改造世界的过程中，逐步形成了对于
世界的总体看法和根本观点，这就是哲学。哲学通过一系列
概念、范畴、原理，形成从总体上说明人、说明世界、说明
人与世界之关系的理论体系。哲学研究的问题众多，但它所
要回答的中心问题，则是人与周围世界的关系问题。因为人
是有意识的，人的意识可以把人与周围世界区别开来，可以
主动地认识世界，这就产生了人的意识对周围世界存在的关
系问题。哲学要说明世界的本原问题、世界能否认识的问
题、世界是怎么样的问题、世界对于人的意义问题，要为人
们提供总体性的世界图景，要指导人类认识世界、改造世
界，评价人与现实世界的关系，为人们提供认识、改造、评
价世界的观点、方法与标准。对这些问题的哲学回答，始终
存在并围绕着一个必须首先回答的基本问题，就是思维与存
在的关系问题，这是古今中外一切哲学不能置之度外、不能
避而不答、不能超越的问题。世界上的一切事物现象，纷繁
复杂，千头万绪，但归结起来，思维与存在的关系如何，是
回答其他一切哲学问题的出发点，其他一切哲学问题都依附
于这个问题，都是围绕这个问题，在这个问题的基础上展开
的，如何回答这个问题，决定着哲学思维的路线、方向。恩

格斯明确指出："全部哲学，特别是近代哲学的重大的基本问题，是思维和存在的关系问题。"[2]

哲学基本问题是贯穿全部哲学问题之中并统率和制约其他一切哲学问题的最根本的问题，或者说最高问题。思维与存在的关系问题作为全部哲学特别是近代哲学的基本问题，有两个重要方面。

——第一个方面是思维与存在哪个是本原的、第一性的，哪个是派生的、第二性的？现实世界究竟是由精神创造的，还是从来就有的？世界的本原和基础是精神的，还是物质的？这是哲学基本问题的首要方面，它规定着哲学的基本性质，贯穿于全部哲学问题之中，并规定着解决全部哲学问题的基本方向。如果坚持物质是世界的本原、是第一性的东西，就会肯定规律具有不以人的意志为转移的客观性，人们既不能创造规律，也不能消灭规律，只能认识、遵循和利用规律；若坚持精神是世界的本原、是第一性的东西，就会否认规律的客观性，或根本否认规律的存在，或者把规律视为主观思想、意志或客观精神、上帝的产物，从而陷入唯心论、唯意志论或宿命论的泥潭。

——另一个方面是关于思维与存在有没有"同一性"，即思维能不能反映存在、思维与存在能否相互转化的问题。恩格斯说："我们关于我们周围世界的思想对这个世界本身的关系是怎样的？我们的思维能不能认识现实世界？我们能不能在我们关于现实世界的表象和概念中正确地反映现实？用哲学的语言来说，这个问题叫作思维和存在的同一性问题。"[3] 思维与存在有没有同一性的问题，也就是世界能不能被认识、人的思维能不能正确反映并反作用于现实世界的问题。我们说"思维与存在的同一性"，并非说思维等同于存在，思维与存在能够画等号。思维作为人脑的机能，能够在人的社会实践的基础上反映客观事物的性质，反映客观事物的运动发展规律；同时又能够对于人的需要、利益、愿望、要求进行自我认识，然后将客观规律和主观目的结合起来，产生科学的预见，形成实践的目标，并选择实践的方式方法、手段路径，经过现实的社会实践，将观念性的目标变成现实的事物。这是一个在实践基础上从存在到思维、又从思维到存在的过程。毛泽东曾举例说，人民大会堂现在是事物，但是在它没有开始建设以前，只是一个设计蓝图，而蓝图则是思维。这种思维又是设计工程师们集中了过去成千上万建筑物的经验，并且经过多次修改而制定出来的。许多建筑物转化成人民大会堂的蓝图——思维，然后蓝图——思维交付施工，经过建设，又转化为事物——人民大会堂。这就说明蓝图能够反映客观世界，又能够转化为客观世界；说明客观世界可以被认识，人们的主观世界可以同客观世界相符合，预见可以变为事实。[4] 人们的思想只有与客观事物相符合，才是正确的；人们的实践只有符合客观实际和客观规律，才能达到预期的目的。脱离客观实际、违背客观规律盲目蛮干，必然招致实践的失败。

哲学基本问题的两个方面分别回答了世界的本原是什么以及人的思维能否反映存在的问题。

——思维与存在何者是本原的、第一性的，通常被称作本体论问题。思维与存在何为第一性、何为本原，即谁决定谁、谁产生谁，是哲学史上唯物论与唯心论争论的焦点，是划分唯物主义和唯心主义的根本标准。恩格斯指出："哲学家依照他们如何回答这个问题而分成了两大阵营。凡是断定精神对自然界说来是本原的，从而归根到底承认某种创世说的人（而创世说在哲学家那里，例如在黑格尔（Hegel，1770—1831 年）那里，往往比在基督教那里还要繁杂和荒唐得多），组成唯心主义阵营。凡是认为自然界是本原的，则属于唯物主义的各种学派。"[5]

——思维与存在有无同一性、思维能否反映存在，是一个重要的认识论问题。对于这个问题的不同回答，将哲学划分为可知论与不可知论，将相关哲学家划分为可知论者和不可知论者。可知论肯定现实世界是可以认识的。可知论有唯物主义学派，也有唯心主义学派。黑格尔从唯心主义角度认为世界是可以认识的，世界不过是绝对精神的产物，对世界的认识实质上是对绝对精神的认识。大多数哲学家都持可知论观点，也有一些哲学家否认认识世界的可能性，至少是否认彻底认识世界的可能性，如休谟（Hume，1711—1776 年）、康德（Kant，1724—1804 年）等哲学家，主张不可知论。

二、哲学上的基本派别
——南朝齐梁时期的一场形神关系论辩

东汉末年，军阀连年混战，形成魏、蜀、吴鼎足三分格局，中国古代进入魏晋南北朝时期，该时期分为三国、西晋、东晋十六国、南北朝四个历史阶段，历时 370 年。在南朝齐梁之际，发生了一场关于形神关系的论辩，鲜明地反映了唯物主义与唯心主义两个哲学派别的对垒。

齐朝（479—502 年）宰相竟陵文宣王萧子良（460—494 年）极力倡导佛教，召集一些社会名流到府中谈佛论道，宣扬灵魂不灭、三世轮回、因果报应，主张有神论，当属唯心主义阵营。在齐朝做官的范缜（450—515 年）挺身而出，力排众议，声称无佛，鲜明地主张唯物主义无神论。萧子良召集众僧与范缜辩论，不能使其屈服。又派王融（476—493

年）以高官厚禄为诱饵游说范缜："以你的才干，不怕得不到中书郎的官位，为什么要发表这种违背潮流的言论呢？"范缜义正辞严地回答："卖论取官我不为。我要是卖论取官，早就做到'尚书令'或'仆射'这样的大官了，何止是'中书令'啊！"表现了其为坚持真理威武不屈的坚定立场。

梁朝（502—557年）的开国皇帝梁武帝萧衍（464—549年）也以佞佛而闻名。他笃信、痴迷佛教，四次舍身出家到同泰寺当和尚，大臣们又用巨金为他赎身。为了加强思想统治，他宣布佛教为国教，攻击神灭论"违经背亲，言语可息"，发动王公朝贵，撰写反驳神灭论的文章，试图迫使范缜放弃自己的无神论主张。范缜毫不屈服，自设宾主、自问自答，写就了《神灭论》这篇唯物主义的战斗檄文。

范缜高扬唯物主义的鲜明旗帜，明确主张"形神相即"，"神即形也，形即神也；是以形存则神存，形谢则神灭也"。而"形者神之质，神者形之用；是则形称其质，神言其用；形之与神，不得相异也"。[6] 这就是说，形体是实体、本体，精神是功能、属性，形体是第一性的，精神是第二性的。人的活的形体是人的精神的载体，人的生理活动是人的精神活动的基础。精神和形体不可分离，天地间根本没有脱离形体而独立不灭的精神。范缜的唯物主义无神论有力地批判了唯心主义有神论，动摇了佛教因果报应、三世轮回说的唯心主义哲学基础。

南朝齐梁时期的这场形神关系之争，实质上就是有神论和无神论、唯物论和唯心论的论战。范缜关于形神相即、形质神用的主张，就是哲学上物质第一性、精神第二性的唯物主义观点；而萧子良等人主张神不灭论，认为精神可以脱离形体而存在，在物质世界之外还有一个佛的精神世界，实质上就是主张精神第一性、物质第二性的唯心主义观点。

在哲学史上，尽管流派众多、异彩纷呈，但归结起来，无外乎唯物主义与唯心主义两大基本派别。

唯物主义在其发展历程中，表现为古代朴素唯物主义、近代形而上学唯物主义和现代唯物主义三种形态。

古代朴素唯物主义肯定物质是世界的本原，把世界的物质统一性归结为某一种或某几种具体的物质形态。在西方、东方包括中国古代哲学中，都有朴素唯物主义的思想观点。他们在哲学基本问题上坚持了唯物主义立场，但其宇宙观和认识论具有朴素性与直观性。

在近代出现的形而上学唯物主义克服了古代唯物主义朴素直观的性质，论证了物质的客观实在性与本原性，认为意识不能没有物质的基础，心灵不能离开身体而存在，人的思想是有机物质的一种特性。然而，形而上学唯物主义用机械的观点解释世界，法国机械唯物论的代表人物拉美特利（La Mettrie，

1709—1751 年）甚至认为人也是一架机器，人和动物的不同之处，不过是比动物这种机器多了几个齿轮、几条弹簧而已，其间只有位置的不同和力量程度的不同，而绝没有性质上的不同；事物对于人的感官的刺激所引起的认识就像提琴的一根弦或钢琴的一个键受到震动而发出一个声响一样；用孤立、静止、片面的观点看世界，看不到事物的联系、运动、变化和发展；不能把唯物主义贯彻到底，把人的意识作为社会发展的最终根源，在历史观上陷入了唯心主义。

马克思、恩格斯总结工人阶级革命实践经验，概括自然科学和社会科学发展的成果，批判吸取黑格尔哲学中辩证法的"合理内核"和费尔巴哈（Feuerbach，1804—1872 年）哲学中唯物主义的"基本内核"，创立了现代唯物主义哲学——马克思主义哲学，把唯物主义发展到一个新的阶段。马克思主义哲学实现了唯物论与辩证法、唯物主义自然观与唯物主义历史观的统一，是完备的唯物主义，是迄今为止唯物主义的最高形式。

唯心主义有主观唯心主义和客观唯心主义两大基本形式。

主观唯心主义把人的思维、精神、意识、观念视为第一性的东西，作为世界的本原，认为万事万物由人的主观意识产生并存在于主观意识之中，否认外部世界及其规律的客观性。客观唯心主义则是把某种"客观精神"说成是先于并独立于物质世界而存在的，是第一性的，是世界的本原；物质世界则是"客观精神"的产物，是第二性的。古今中外的唯心主义尽管表现形式各异，但都把精神作为第一性的，作为世界的本原。

在中国南宋时期，发生的中国哲学史上有名的"鹅湖之会"，就是客观唯心主义与主观唯心主义两个流派之间的一场辩论。以程颢（1032—1085年）、程颐（1033—1107年）兄弟和朱熹（1130—1200年）为代表的程朱理学和以陆九渊（1139—1193年）、王阳明（1472—1529年）为代表的陆王心学是中国古代哲学中客观唯心主义和主观唯心主义的两个具有代表性的学派。朱熹是程朱理学的集大成者，陆九渊则是陆王心学的代表人物。二者虽然都是唯心主义者，但又存在着客观唯心主义和主观唯心主义的观点分歧。1176年6月，南宋理学家吕祖谦（1137—1181年）为了调和朱熹和陆九渊的理论分歧，期望他们的思想观点能够"会归于一"，便出面邀请陆九龄（1132—1180年）、陆九渊兄弟到江西上饶的鹅湖寺与朱熹谈学论道。朱熹认为在现实的自然界和人类社会之上，存在着一个精神性的本原——天理。他主张"格物致知"，多读书，多观察，穷尽万物之理，并推致其知以至其极，发现天理，遵循天理行事。陆九渊则认为心即理，心明则万事万物的道理自然贯通。只要"发明本心"，就可以通晓事理。在鹅湖寺，双方激烈辩论争执，甚至互相嘲讽挖苦，最后谁也说服不了谁，只好不欢而散。

"理学"与"心学"之争，实质上是唯心主义内部的客观唯心主义与主观唯心主义两种论点之争。如果说理学是用客观唯心主义论证存天理去人欲、巩固封建统治秩序的合理性，那么心学则是用主观唯心主义宣扬人本心具有一切符合封建秩序的美德，服从封建秩序就是服从自己的内心，引导人们增强提高修养、践行封建道德的自觉性。

程朱理学认为封建纲常是天命所定、理所当然；陆王心学则认为封建纲常为人心固有，要人们返身内求、发明本心。二者虽然立论的角度不同，但都是为了论证封建道德的合理性、合法性，要人们增强信守、践履封建道德的内心自觉，克服、消除与封建道德相背离的思想观念与行为。说到底，是为维护封建制度和封建秩序服务的。

唯心主义产生的原因是复杂的，其中有认识论的、社会历史的和阶级的根源。

从认识论方面来看，人的认识是在实践基础上反映客观实际，从感性认识到理性认识，并从理性认识到实践的循环往复、无限上升的过程。然而，如果离开社会实践，脱离客观实际，不是从实际出发，而是从主观的愿望、意志、想象出发，从原则、教条出发；不是将客观事物、社会实践以及人的认识视为不断发展变化的过程，而是看作没有运动变化、死板僵化、停滞不前的东西；不是把人的认识视为在实践的基础上对于客观事物的反映，而是看作脱离了客观事物的主观自生的东西，或在人与天地万物产生以前就存在的东西；不是把人的认识看作由感性认识到理性认识、再从理性认识到实践的螺旋式上升的过程，而是割裂人的认识与客观事物的关系，割裂感性认识与理性认识的关系，将客观的、复杂的、动态的认识过程主观化、直线化、片面化以及凝固僵化，从而将人的认识、精神、意识视为不依赖于客观事物的东西，甚至将其视为客观世界的创造者，这就陷入了唯心主义的泥潭。正如列宁所说："哲学唯心主义是把认识的某一特征、某一方面、某一侧面，片面地、夸大地、überschweng liches（狄慈根）发展（膨胀、扩大）为脱离了物质、脱离了自然的、神化了的绝对。""直线性和片面性，死板和僵化，主观主义和主观盲目性，就是唯心主义的认识论根源。"[7]

从社会历史方面来看，在社会历史领域进行活动的，全是具有意识的、经过思虑或凭激情行动的、追求某种目的的人，任何事情的发生都有自觉的意图和预期的目的。如果只是看到人们活动的动机，而不能深入探究动机背后深层的物质原因，并夸大人的动机、目的、意识、意志的作用，将人的意志、精神视为社会的本原、终极原因和根本动力，就会导致哲学唯心主义。

从阶级状况方面来看，在阶级社会中，占统治地位的阶级为了维护自己的统治地位，虚构出客观精神或人格之神，论证自己的统治地位受命于神的合法性，论证社会等级秩序和符合其统治利益的伦理道德的先天性；或将人心作为天地万物、社会秩序、伦理道德的根源，要求被统治者将社会的等级秩序和伦理道德作为自己心中本有的东西，自我省察、自我约束，自觉遵守和践履符合统治者利益的社会秩序与伦理道德。这样，在认识领域、社会领域产生的唯心主义，就在统治者那里被借用并巩固起来。

唯心主义也是人类思想史上的重要成果，其中也包含着一些合理的因素。精致的、聪明的唯心主义看到并强调了被朴素的、机械的唯物主义所忽视的人的精神、思维的能动性，看到了人的理性、情感、意志在认识世界和改造世界中的重要作用，与唯物主义共同构成了人类认识的总体过程，并在与唯物主义的论争辩难中促进了人类思想的发展。唯物主义与唯心主义并非绝对对立，而是相互依存、渗透、吸取、借鉴的，二者之间没有不可逾越的鸿沟。"聪明的唯心主义比愚蠢的唯物主义更接近于聪明的唯物主义"。[8]唯心主义哲学无疑也是人类认识之树上的花朵，但它颠倒了思维与存在、精神与物质的关系，脱离现实的社会实践，不能正确反映客观事物的本来面目，因而也就不能指导人们找到解决问题的正确方法。因此，尽管唯心主义"生长在活生生的、结果实的、真实的、强大的、全能的、客观的、绝对的人类认识这棵活树上"，却是"一朵无实花"。[9]

三、坚持唯物论，反对唯心论
——失散多年的"孩子"终于找回来了

1930 年 5 月，毛泽东总结调查研究的经验，并从哲学的高度进行理论概括，写了《调查工作》一文。这篇短文当时由闽西特委翻印，在红四军和中央苏区根据地广为流传。后来由于战事频仍，很多资料难以保存，这篇文章也在反"围剿"中散失了。

毛泽东非常珍爱这篇文章，一直为它的遗失而遗憾。1957 年 2 月，福建省上杭县一位叫赖茂基的农民，把自己珍藏了 27 年之久的一本油印的《调查工作》小册子作为革命文物贡献出来，这篇重要而珍贵的历史文献才得以重新面世。失散多年的"孩子"终于找回来了，毛泽东非常高兴，说："我对自己的文章有些也并不喜欢，这一篇我是喜欢的。这篇文章是经过一番大斗争以后写出来的。"[10]

1961年3月，中共中央把它印发给各中央局，各省、市、自治区党委。毛泽东特地为它写了一段说明："这是一篇老文章，是为了反对当时红军中的教条主义思想而写的。那时没有用'教条主义'这个名称，我们叫它做'本本主义'。写作时间大约在一九三〇年春季，已经三十年不见了。一九六一年一月，忽然从中央革命博物馆里找到，而中央革命博物馆是从福建龙岩地委找到的。看来还有些用处，印若干份供同志们参考。"[11]1964年6月，《调查工作》收入《毛泽东著作选读》甲种本，毛泽东把它的题目改为《反对本本主义》，作为宝贵财富而保存下来了。

在这篇短文中，毛泽东以简洁的语言、泼辣的笔触、鲜明的态度，批判了唯书唯上的教条主义和形式主义，以及安于现状、不求甚解的保守思想，倡导"共产党人从斗争中创造新局面的思想路线"。毛泽东尖锐地批评有人讨论问题时开口闭口"拿本本来"，强调必须把上级所作的决议、指示同本地区、本部门实际情况结合起来。他说："马克思主义的'本本'是要学习的，但是必须同我国的实际情况相结合。我们需要'本本'，但是一定要纠正脱离实际情况的本本主义"。[12]"怎样纠正这种正本本主义？只有向实际情况作调查。"毛泽东鲜明地指出:"没有调查,没有发言权。"[13]"你对于那个问题不能解决吗?那末,你就去调查那个问题的现状和它的历史吧!你完完全全调查明白了,你对那个问题就有解决的办法了。一切结论产生于调查情况的末尾,而不是在它的先头"。[14]"调查就像'十月怀胎',解决问题就像'一朝分娩'。调查就是解决问题。"[15]如果不做调查,只是冥思苦索地"想办法","打主意",一定不能想出什么好办法、打出什么好主意,一定会产生错办法和错主意。"离开实际调查就要产生唯心的阶级估量和唯心的工作指导,那末,它的结果,不是机会主义,便是盲动主义。"[16]毛泽东指出:"中国革命斗争的胜利要靠中国同志了解中国情况。"[17]共产党的正确而不动摇的斗争策略,决不是少数人坐在房子里能够产生的,是要在群众的斗争过程中才能产生的,这就是说要在实际经验中才能产生。因此,我们需要时时了解社会情况,时时进行实际调查。

《反对本本主义》是为了反对教条式的马克思主义,倡导创造性的马克思主义,反对主观主义的思想路线,确立实事求是的思想路线,按照实际情况制定正确的战略策略,把中国革命引向胜利而写作的。《反对本本主义》是坚持唯物主义、反对唯心主义的经典著作,是毛泽东最早专门论述思想方法和工作方法的著作,是党的实事求是思想路线初步形成的重要标志。毛泽东在领导中国革命的长期实践过程中，在认真总结和科学概括党的历史经验的基础上，把辩证唯物主义贯彻到实际工作中，形成了一整套科学的思想方法和工作方法。坚持一切从实际出发，实事求是，理论联系实际，在实践中检验真理和发展真理，坚决反对主观主义特别是教条主义，是党的正确思想方法和工作方法的核心和灵魂，是党和毛泽东之所以领导人民取得中国革命的巨大成功的哲学基础。

恩格斯指出："自然科学家尽管可以采取他们所愿意采取的态度，他们还得受哲学的支配。问题只在于：他们是愿意受某种蹩脚的时髦哲学的支配，还是愿意受某种建立在通晓思维历史及其成就的基础上的理论思维形式的支配。"[18]人们要认识世界和改造世界，就要运用一定的思想方法和工作方法，因而也就必然受某种哲学的支配。辩证唯物主义为人们认识世界和改造世界提供了科学的立场、观点和方法。

坚持唯物论，反对唯心论，是正确地认识世界和改造世界的哲学基础。坚持唯物论，反对唯心论，在工作实践中，就要坚决反对主观主义。

唯心主义是主观主义的哲学形态，主观主义是唯心主义在实际工作中的表现。主观主义有两种表现：一是**教条主义**。唯书唯上不唯实，离开实际情况，唯书本为是，唯领导指示为是，就是教条主义。教条主义所遵循固守的信条有洋教条和土教条。所谓**洋教条**，是以外国书本、外国人言论为信奉教条，凡是洋人写的、洋人讲的，不问是否适合本国实际，一概照抄照搬，言必称西方，总是觉得"月亮还是外国的圆"；所谓**土教条**，是以本国书本、以本国古人、领导言论为信奉教条，凡是前人、领导写的、讲的，不问是否适合今天或本地区、本单位的情况，一概照转照办，言必称古训，以领导的话为是，"领导说是黑的，不能说是白的"。一是**经验主义**。经验主义不懂得理论的普遍指导意义，不注意学习和运用科学的理论，满足于一孔之见和一得之功，把一时一地一己的局部经验当作管全局、管根本、管长远的真理。

教条主义和经验主义是实际工作中的唯理论和经验论。只承认理性认识而否认感性认识的是唯理论，只承认感性认识而否认理性认识的是经验论。唯理论与经验论虽然各执一端，但它们的共同特征，都是把人的感性认识与理性认识两个互相联结的认识阶段相分离。

教条主义和经验主义的哲学渊源是唯理论与经验论。人的认识分为感性认识和理性认识。人对客观事物的认识，是在实践的基础上，经过从感性认识到理性认识，又从理性认识到实践的辩证途径实现的。人的认识首先是从感性认识开始的。在实践过程中，人们同外界事物接触，通过自己的感觉器官——眼、耳、鼻、舌、身等，使客观事物的外部形态反映到自己的头脑中，这就是感性认识。譬如，糖是甜的、盐是咸的、碱是涩的……然而，为什么糖是甜的、盐是咸的、碱是涩的……感性认识是回答不了的。人们要深刻地认识事物的本质，就必须提升到理性认识。理性认识是认识的高级阶段，是对事物内部联系的认识，是对事物一般的共同本质的抽象。理性认识是在感性认识的基础上，经过头脑加工和改造而形成的。理性认识的基本形式是概念、判断和推理，是运用概念、判断、推理对感性认识材料的综合、分析、抽象和概括。诸如"糖为什么是甜的"一类问题，理性认识是可以回答的。

唯理论夸大人的理性认识，否认感性认识的作用，否认实际经验，只承认理性的实在性，不承认经验的实在性；经验论夸大感性认识的作用，而否认理性的作用，只承认经验的实在性，否认理性的实在性。无论是唯理论还是经验论，都是主观主义。教条主义不懂得要根据中国的实际来运用马克思主义，拒绝研究中国实际和中国革命经验，把马克思主义变成了僵死的、一成不变的、可以机械套用的教条，是思想方法和工作方法上的唯理论。经验主义则轻视理论，拒绝正确理论的指导，把局部经验当成普遍真理，是思想方法和工作方法上的经验论。恩格斯说过："一个民族要想登上科学的高峰，究竟是不能离开理论思维的。"[19] 毛泽东主张，"有书本知识的人向实际方面发展，然后才可以不停止在书本上，才可以不犯教条主义的错误。有工作经验的人，要向理论方面学习，要认真读书，然后才可以使经验带上条理性、综合性，上升成为理论，然后才可以不把局部经验误认为即是普遍真理，才可不犯经验主义的错误。"[20] 在中国革命、建设和改革的实践中，犯唯理论错误者有之，犯经验论错误者亦有之。

主观主义有各种各样的表现形式。

一曰唯书。机械照抄照搬书本上的本本条条，照本宣科，照章办事；二曰唯上。生搬硬套上级精神，以会议落实会议，以文件落实文件，满足于一般号召，没有勇气和胆量独立思考、自我担当；三曰唯旧。不问青红皂白，一概照旧行事，不思进取，因循守旧，故步自封，墨守成规，敷衍了事，得过且过，不用心汲取新知识，不深入思考新问题，不适应新形势新需要，不研究新问题、开创新思路、创造性地开展工作；四曰唯我。只相信自己的主观臆断和个别经验，以我为主，自以为是，作风飘浮，工作不实，不愿对周围环境作艰苦细致、系统周密的调查研究，对实际情况不求甚解，单凭个人主观感觉和局部经验去工作；五曰空转。脱离客观实际，违背客观规律，无视客观条件，空发言论，开空头支票，不办实事，讲话写文章空洞无物，把理想当现实，好大喜功，急功近利，提出不切实际的高指标，追求无法实现的幻景，搞违背科学的瞎指挥，身子扑不下，工作放空炮；**六曰弄虚**。做表面文章，玩虚的，弄花架子，搞形式主义，重形式轻内容，抽象地、空洞地、无目的地学习理论，热衷于语言游戏，沉湎于表面文章，夸夸其谈，哗众取宠，正如"墙上芦苇，头重脚轻根底浅；山间竹笋，嘴尖皮厚腹中空"，言行不一，知行分离，不接地气，不求落实；**七曰浮夸**。静不下心，沉不下气，下不到基层，脱离实际，离开群众，心态浮躁、追名逐利，一事当前，总是算计个人得失，热衷于搞"形象工程"、"政绩工程"，劳民伤财；**八曰作假**。欺上瞒下，报喜不报忧，讲假话，使假招，做假事，掩盖矛盾和问题，蒙蔽群众，欺骗上级。

主观主义必然带来官僚主义；主观主义严重，必然造成官僚主义严重。

在延安时期，毛泽东曾形象地把官僚主义者比喻为泥塑的神像：一声不响，二目无光，三餐不食，四肢无力，五官不正，六亲无靠，七窍不通，八面威风，久坐不动，十分无用。官僚主义者不了解群众所思所想，漠视群众利益和诉求，尸位素餐，无所作为。新中国成立以后，毛泽东又历数官僚主义的 20 种表现，批判脱离实际、脱离群众、强迫命令、颐指气使、弄虚作假、不负责任、颟顸无能、形式主义、自私自利、争名夺利等方面的官僚主义。官僚主义是主观主义的极端表现，官僚主义者必然搞主观主义。

主观主义的特征是主观与客观相分离，理论与实际相分离。

唯物主义肯定世界的物质性、客观性、规律性和可知性，必然坚持主观与客观相一致、理论与实际相结合。毛泽东说："一切大的政治错误没有不是离开辩证唯物论的。"[21]主观唯心主义的思想路线，是一切"左"的和右的错误的认识总根源。"左"的错误和右的错误虽然表现不同，但两者相通，二者都是主观主义，都是主观与客观相分裂，理论与实际相分裂。"左"的错误是主观超越了客观实际，右的错误是主观落后于客观实际。为了防止"左"的和右的错误，就必须从世界观方法论的高度解决问题，坚持唯物主义，反对唯心主义，从事实出发，按照国情、世情、党情、民情、地情考虑问题，制定政策。要做好工作，就要坚持唯物论，尊重客观实际，尊重客观规律；就要从实际出发，一切以时间、地点和条件为转移；就要按照客观世界的本来面目认识世界，根据客观规律和人民利益，确定既合规律又合目的的实践目标，制定切实可行的方针、政策、计划、方案，卓有成效地改造世界。

——反对主观主义，必须正确处理主体与客体的关系，使主观与客观相符合、相统一。什么是主体？主体是指有意识、有目的地进行认识和实践活动的人，主体具有认识和改造世界的能动性和创造性。作为主体的人具有能动的主观世界，即相对独立的感情、意识、思想、理论，也就是通常说的主观。严格地讲，只有处于社会实践及相应的认识活动中的人才是主体，主体应当是社会的人、实践的人、历史的人、有思维活动的人。作为主体，可以是个体，也可以是群体，可以是政党、阶级、民族或某个利益集团，直至整个社会。在不同的时代，主体是各不相同的。只有具体的、历史的主体，而没有超历史的、抽象的主体。

什么是客体？有主体，必有客体。客体是相对主体而言的，是主体的认识和实践范围的对象，即主体所认识、实践的客观世界，也就是通常说的客观。有人曾引用马克思的"主体是人，客体是自然"这样一句话，认为主体应定义为人，客体应定义为自然。马克思的这个说法是一个特指。在《政治经济学批判导言》中，马克思在分析关于社会生产的一般规律时，曾指出主体是人，客体是自然，人与自然的对立统一构成了生产。这样讲，仅仅是就生产过程中人与自然这对关系而言的。实际上，凡是主体的认识对象和实践对象都应是客体，这里不仅包括主体所认识、所实践的自然对象，还应包括主体所认识、所实践的人自身及人类社会，不仅指作为实体而存在的客观事物，而且指客观事物之间的关系现象，指对客观事物的主观反映的精神现象。

有主体就有主观，有客体就有客观。主体与客体、主观与客观二者是相互作用、不可分割的。主体受客体的制约，主观受客观的限制。但主体又可以能动地认识、改造客体；能动地认识、改造客观；主体在改造客体的过程中不断改造自己；在改造客观的同时不断改造自己的主观。一方面，要充分发挥主体的主观能动性，积极认识客观规律，勇于进行实践。若没有主体的主观能动性，不思进取，无所作为，不求有功，但求无过，认为这也不可能，那也做不到，本来经过主观努力能够做到的事也不去做，本来可以争取的胜利也不去争取，就会坐失良机，空余悲叹。另一方面，又要尊重客观条件，按照客观规律办事。把良好愿望与客观条件、高昂热情和求实精神结合起来，如果夸大主观能动性的作用，脱离客观实际，无视客观规律，单凭主观想象、热情、意志、愿望办事，超越客观条件和可能性，勉强去做根本不可能做到的事，或把将来才能做到的事勉强拿到现在来做，就会犯唯意志论和急于求成的主观唯心主义的错误。

要做到主体与客体相统一，主观符合客观实际，就必须按照实际情况决定工作方针。在第一次国内革命战争和土地革命战争期间，中国共产党内的主观主义者特别是教条主义者，不是从具体的现实出发，而是从空虚的理论命题出发；不注意具体事物的特点，而把主观想象的东西当作特点；不是运用马克思主义的观点研究和解决实际问题，而是脱离中国实际和中国革命实践，机械地照抄照搬马克思主义的词句，来指导中国革命实际。把马克思主义教条化，把苏联经验神圣化，把共产国际的指示绝对化，机械套用马克思主义的词句，照抄照搬别国革命的经验，盲目执行共产国际的指示，在中国革命的一系列问题上犯了根本性的错误。在革命性质问题上，混淆民主革命和社会主义革命，企图"毕其功于一役"，在民主革命时期完成社会主义革命的任务；在革命道路问题上，照搬俄国十月革命的经验，主张城市中心论；在军事战略问题上，不顾敌强我弱的实际，照搬外国军事条令，搞进攻中的冒险主义、防御中的保守主义和退却中的逃跑主义。在组织问题上，进行所谓"反右倾"的宗派主义斗争，搞残酷斗争、无情打击。结果，使党和革命事业遭受了严重挫折，蓬勃兴起的土地革命运动最终归于失败。可见，主体与客体相脱离，主观与客观相分裂，关系事业成败。

——反对主观主义，必须正确处理理论与实际的关系，使理论与实际相结合、相统一。什么是理论？理论是认识的高级形式，是系统化的理性认识。哲学理论是对自然、社会、人类思维一般规律的科学概括。马克思主义哲学则是正确的理论化的世界观和方法论。什么是实际？实际就是客观存在的一切事物、现象，包括人的实践活动。

理论与实际的关系是什么？**实际决定理论，理论指导实际**。理论与实际之间存在决定与被决定、反映与被反映、指导与被指导的关系。实际决定理论，理论来自实际。理论作为社会意识形态，是由社会存在决定的，理论不过是实际在人们头脑中的反映。没有实际，也就没有理论，理论概括的内容是客观实际。

实际决定理论，理论是实践的产物。人们的社会实践是理论的源泉、基础、前提、动力和正确与否的检验标准。任何理论都必须以实际为条件、源泉、基础、内容、素材，马克思主义诞生于资本主义生产方式高度发展的 19 世纪的欧洲并不是偶然的，科学社会主义理论绝不可能在封建生产方式占统治地位的中世纪问世。脱离实际的理论就不是科学理论，只能是凭空想象。理论是由实践推动而形成的，科学社会主义理论是马克思亲身参与工人运动的实践而形成的，并且由发展的实践来检验、来修正。实际对理论的制约是决定性的方面。

理论具有相对独立性、超前性和预见性，因而对于实际有着巨大的指导作用。理论可以而且应该走在实践的前面，指导实践的进程。在自然科学中，先有相对论的出现，而后才有人类进军宇宙，飞出大气层，进入太空遨游；先有核物理学，而后才有对核能的利用。在社会历史领域，更不能低估理论对实践的指导作用。列宁说："没有革命的理论，就不会有革命的运动。"[22] 资产阶级启蒙思想、人文主义理论先于资产阶级启蒙运动、先于资产阶级革命，是资产阶级革命的先声和思想武器。科学社会主义理论先于科学社会主义运动。中国革命、建设和改革的历史经验证明，没有马克思列宁主义、毛泽东思想、中国特色社会主义理论体系的指导，就不会有中国革命、建设和改革的成功。

理论指导实践，是因为人的实践活动总是受一定意识支配的。恩格斯说："决不能避免这种情况：推动人去从事活动的一切，都要通过人的头脑……外部世界对人的影响表现在人的头脑中，反映在人的头脑中，成为感觉、思想、动机、意志，总之，成为'理想的意图'，并且以这种形态变成'理想的力量'。"[23] 理论的指导作用，是由意识的能动性所决定的。

理论有正确的，也有错误的。正确的理论之所以能够成功地指导实践，在于它正确地反映了事物发展的客观规律，科学总结了人们在社会实践中所积累的经验。科学理论来自于对实际的正确认识，来自于对实践经验的正确总结。实际是不断变化的，实践是不断发展的，科学的理论必须不断随着实际的变化、实践的发展而创新发展。当时当地管用的理论，时间、地点、条件发生变化，就不一定管用。错误的理论是对实际的错误认识，是对实践经验的错误总结，用错误的理论指导实践，就会定错方向，走错路，办错事。

理论对实际具有相对独立性，也就很容易脱离实际。理论一旦脱离实际，就要在指导实践中出问题。理论无论是落后于实际，还是超越实际，其结果都是理论违背实际、脱离实践，导致指错方向、引错路。在革命运动中，错误的理论往往会引错路，给革命带来挫折或失败。苏联的剧变，从思想路线上来说，是苏联共产党领导放弃了马克思主义指导而造成的。脱离实际的理论无论显得多么"先进"、"正确"，也会引导办错事。

正确处理理论与实际的关系，就要真正做到理论联系实际。对于马克思主义政党来说，理论联系实际，就是运用马克思主义的立场、观点、方法来说明和解决实际问题，这就是把马克思主义基本原理同本国实际相结合。

理论联系实际，运用马克思主义理论解决实际问题，必须针对两个实际，一个是工作实际，一个是思想实际。人类在改造客观世界的同时改造自己的主观世界。要联系和解决好客观世界和主观世界这两个实际。客观世界的实际，就是工作实际，包括国内外大局的实际、本地区本单位的实际、个人具体工作的实际。主观世界的实际，包括人们的思想实际，如个人的世界观、人生观、价值观，道德作风操行，政治思想状况等；党内和社会上带有普遍性的思想实际，如社会风气，干部群众的思想状况等。联系客观世界的实际也好，联系主观世界的实际也好，都是运用马克思主义的立场、观点和方法来认识、分析和解决工作实际和思想实际两个方面的问题，在改造客观世界的同时改造主观世界。解决两个实际的问题：一个是解决能力问题，即提高运用马克思主义立场、观点和方法分析和解决工作实际的能力；一个是解决品德问题，即提高思想政治素质、道德作风素质。解决两个实际，归到一点，都是要解决马克思主义的世界观、方法论问题，解决立场、观点、方法问题。

怎样做到理论联系实际？毛泽东指出，一要学以致用；一要有的放矢。学习理论，就是为了应用，用理论指导实际。指导实际，必须做到有的放矢，理论就是"箭"，实际问题就是"的"，有的放矢就要针对实际，学好用好理论。否则理论再好，脱离实际，也毫无用处。这就需要针对实际，**精通理论**。不断针对新的实际、根据实践的需要，系统地、有的放矢地学习马克思主义的基本理论，掌握分析和解决问题的基本立场、观点和方法。**调查研究，把握实际。**调查研究是了解实际情况、进行科学决策、实现理论与实际相结合的关键环节。毛泽东说："一切实际工作者必须向下作调查。对于只懂得理论不懂得实际情况的人，这种调查工作尤有必要，否则他们就不能将理论和实际相联系。"[24] **运用理论，指导实践。**学习掌握理论全在于应用。一定要用科学理论武装头脑，学会自觉地运用理论指导实践。**创新理论，推进实践。**实践不断发展，认识不会永远停止在一个水平上。要根据新的实践，不断地在发展了的实践基础上创新理论，用以指导、推进新的实践。只有善于应用马克思主义哲学的立场、观点和方法研究实际，作出合乎实践需要的理论创造，以推进实际工作，才叫做理论与实际相联系。在理论与实际的关系问题上，既要反对死记硬背、保守僵化、照抄照搬的教条主义，反对迷信盲从、不敢独立思考的奴性思想；又要反对夸大感性经验、拒斥正确理论指导的狭隘经验主义。

——反对主观主义，对于马克思主义政党来说，必须解决好学风问题。学风问题是第一重要的问题。这里所说的学风问题是指对待马克思主义的根本态度。究竟是从本本出发，还是从实际出发，这是对待马克思主义根本态度的分歧点，是采取什么学风的分水岭。反对主观主义，一切从实际出发，就要用马克思主义立场、观点和方法研究和解决现实问题，这是对待马克思主义理论的正确态度，是必须坚持和弘扬的正确学风。

学风问题不是小问题，而是一个总的大问题，它与世界观紧密地联系在一起，说到底是世界观问题。对待马克思主义，从实际出发，就是以实践的、发展的、创新的观点来对待理论；从本本出发，就要以教条的、静止的、僵化的观点来对待理论。二者的分歧，关键是坚持什么样的世界观指南。从哲学世界观上来讲，从实际出发，就是坚持从实践到认识，实践是检验真理的唯一标准的唯物主义基本立场。实事求是，是对马克思主义辩证唯物主义和历史唯物主义世界观方法论的高度概括。坚持实事求是、一切从实际出发的辩证唯物主义和历史唯物主义世界观，就要以科学的态度对待马克思主义。坚持实事求是的思想路线，理论联系实际，这就是我们必须坚持的正确学风。

结　语

坚持存在决定思维，思维与存在具有同一性，是马克思主义哲学的辩证唯物主义基石。坚持唯物主义，反对唯心主义，是辩证唯物主义的基本立场，是马克思主义政党的哲学世界观方法论基础。坚持唯物主义，反对唯心主义，在思想方法、工作方法上，就要坚决反对主观唯心主义。主观唯心主义表现为教条主义和经验主义，是马克思主义政党的大敌。反对主观唯心主义，就要坚持一切从客观实际出发，坚持实事求是的思想路线，弘扬正确的学风，使主观符合客观、理论联系实际，在改造客观世界的同时改造主观世界，通过改造主观世界推进改造客观世界。

注　释

1　张若虚：《春江花月夜》。

2　《马克思恩格斯文集》第4卷，人民出版社2009年版，第277页。

3　《马克思恩格斯文集》第4卷，人民出版社2009年版，第278页。

4　参见《毛泽东文集》第八卷，人民出版社1999年版，第103—104页。

5　《马克思恩格斯文集》第4卷，人民出版社2009年版，第278页。

6　范缜：《神灭论》。

7　《列宁专题文集　论辩证唯物主义和历史唯物主义》，人民出版社2009年版，第152页。

8　《列宁全集》第55卷，人民出版社1990年版，第235页。

9　《列宁专题文集　论辩证唯物主义和历史唯物主义》，人民出版社2009年版，第152页。

10 《毛泽东文集》第八卷，人民出版社 1999 年版，第 252 页。

11 《建国以来毛泽东文稿》（第九册），中央文献出版社 1996 年版，第 225 页。

12 《毛泽东选集》第一卷，人民出版社 1991 年版，第 111—112 页。

13 《毛泽东选集》第一卷，人民出版社 1991 年版，第 109 页。

14 《毛泽东选集》第一卷，人民出版社 1991 年版，第 110 页。

15 《毛泽东选集》第一卷，人民出版社 1991 年版，第 110 页。

16 《毛泽东选集》第一卷，人民出版社 1991 年版，第 112 页。

17 《毛泽东选集》第一卷，人民出版社 1991 年版，第 115 页。

18 《马克思恩格斯文集》第 9 卷，人民出版社 2009 年版，第 460 页。

19 《马克思恩格斯选集》第 4 卷，人民出版社 1995 年版，第 285 页。

20 《毛泽东选集》第三卷，人民出版社 1991 年版，第 818—819 页。

21 《毛泽东哲学批注集》，中央文献出版社 1988 年版，第 311—312 页。

22 《列宁专题文集　论无产阶级政党》，人民出版社 2009 年版，第 39 页。

23 《马克思恩格斯文集》第 4 卷，人民出版社 2009 年版，第 285—286 页。

24 《毛泽东选集》第三卷，人民出版社 1991 年版，第 791 页。

世界统一于物质

——物质论

唯物主义对于世界本原和统一性的认识，是随着社会实践和科学的发展而不断演变、发展、深化的。辩证唯物主义的物质观正确地回答了世界本原和统一性问题。

世界的本原是物质，世界的真正统一性在于它的物质性。承认世界的物质性，认为世界是统一的物质世界，这是辩证唯物主义哲学的基石。

一、世界是物质的
——物质消失了吗

哲学上有一个很著名的实验，叫作"容器中的大脑"，设想有一个疯狂的科学家把人的大脑与人的身体分割开来，放在生命维持液体中。大脑插上电极，电极连到一台可以产生图像和感官信号的电脑上。因为人所获取的所有关于世界的信息都是通过人的大脑来处理的，似乎电脑也就应该能够模拟人日常体验到的外部世界了。人脑是通过人的感官真实地感觉到外部世界的客观存在，而电脑代替人脑，就可以离开客观存在的外部世界，构筑出人所感觉不到的虚拟世界。有人据此认为，电脑可以脱离外部物质世界虚构一切，从而人的外部物质世界消失了，物质消灭了。

物质真的消失了吗？物质会消失吗？这就引出来了一个哲学问题：世界的本原究竟是物质的，还是精神的；世界是统一于物质，还是统一于精神。如果这种实验确实可能的话，如何证明人周围的物质世界是真实的、客观存在的，而不是由一台脱离外部物质世界的电脑所虚构的某种模拟环境、虚拟世界呢？

世界的本原和统一性究竟是什么呢？

自古以来，无非是两种解答：唯物主义认为，世界的本原是物质，世界上形形色色的现象都是物质的不同运动；唯心主义认为，世界的本原是精神，世界上万事万物都是精神派生的。唯物主义是从肯定物质世界客观实在性的立场出发，用列宁的话讲就是在"承认外部世界的客观实在性和外部自然界的规律，它同物存在于我们的意识之外并且不以我们的意识为转移这种知识同出一源"[1]这一前提之下，对世界本原以及世界统一性的问题的回答。世界是物质的，物质既不能被创造，也不能被消灭。

从哲学史的演化来看，对于世界本原和统一性问题的不同回答，反映了唯物主义与唯心主义两种根本对立的立场。

早在古印度文化中，就已经有人把物质世界的一切都归之于"梵天"的梦境了，人世间的一切不过是"梵天"所做的一个又一个梦而已。古今中外的有神论主张的神创论，主观唯心主义和客观唯心主义主张的主观精神或客观精神本体论，都是唯心主义对世界本原和统一性问题的回答。

唯物主义对于世界本原和统一性的认识，是随着社会实践和科学的发展而不断演变、发展、深化的。辩证唯物主义的物质观正确地回答了世界本原和统一性问题。

——古代朴素唯物主义把世界本原猜测为几种具体的物质形态。譬如，泰勒斯（Thales，约前624—前546年）认为"水是万物的本原"；赫拉克利特（Heraclitus，前530—前470年）则说世界"过去、现在和未来是一团永恒的活火"；中国古代的"五行说"，认为万物是由水、木、金、火、土五种元素构成的，等等。应该说，把大千世界归结为一种或几种具体的物质形态，在坚持唯物主义立场上是真诚的，但在哲学思维上确实是素朴的，很难在逻辑上自圆其说。古希腊后期，德谟克利特（Demokritos，约前460—前370年或前356年）提出了"原子说"。虽然德谟克利特的"原子"从名称上已经超越了具体的物质形态，但他的"原子说"也不过是一种猜测。他仍然认为原子是"不可分割的"，"原子的种类是无限的，不同只在于形状和大小"，在他看来，原子究其实质不过是以"原子"为名的一大堆面目不清的具体物罢了，这与后来科学的"原子论"是有本质的不同的。

——近代形而上学唯物主义把世界统一性归结为某种可以感知的具体物质形态。到了近代，特别是 19 世纪中后期，自然科学的发展告诉人们：自然界各种物质都是由不同的元素组成的，元素是组成化合物的基本单位；各种元素又可以进一步分解为原子。原子成为当时科学认识所能达到的关于物质结构的最深层次，被认为是"不可分割"的最小粒子。近代形而上学唯物主义者把这一科学最新成果拿来解释世界的本原，主张原子是组成万物的最小物质单位，原子是不可分的，原子的属性是不可变的。

——辩证唯物主义物质观跳出对具体物质形态的拘泥与据守，是对具体物质形态的科学抽象。马克思主义物质观是根据人类长期发展的实践，站在 19 世纪科学发展的最前沿，在借鉴和批判形而上学唯物主义物质观的基础上，概括了当时自然科学的新成果而形成的，发展了唯物主义，是全新的辩证唯物主义物质观。

古代素朴唯物主义和近代形而上学唯物主义的物质观坚持了唯物主义的基本立场，方向是正确的。但他们把世界本原归结为某种可以感知的具体物质形态，或者归结为物质结构的某个层次则是不科学的。虽然对"物质"的认知从个别具体物上升到对物质结构描述的"原子"已经是很大的进步，但还是不科学的。因为建立在物质具体结构层次上的"物质"，其基础同样是不牢靠的，早晚会面临科技进步带来的挑战。

仅仅过了几十年，这一挑战就来临了。

19 世纪末 20 世纪初，随着 X 射线、放射性和电子、夸克粒子的发现，大量的实验事实否定了原子不可分、元素不可变等传统思想。比如，过去认为一种元素是不可能转变为另一种元素的，但放射性物质发生衰变的事实证明，一种元素是可以转变为其他元素的。面对这种情形，一些自然科学家由于不懂辩证法，认为"原子非物质化了，物质消失了"。其中比较有名的是奥地利著名的物理学家、生物学家、心理学家、哲学家马赫（Mach，1838—1916 年）。他据此宣称"物质消失了"，就是"物质本身不存在了"，只存在感性知觉，物质是"荒谬的虚构"和"假设"，甚至还要用马赫主义"修正"马克思主义唯物论。因为马赫的这种论调在当时产生了比较大的影响，列宁专门写下了著名的《唯物主义和经验批判主义》一书，批判马赫主义，捍卫辩证唯物主义物质观。

辩证唯物主义的物质概念同自然科学关于物质的具体

形态、结构和属性的理论是有所不同的。现代自然科学认为，物质具有各种具体的形态、结构和属性，物质有材料（质料）、能量和信息，人们对物质的具体形体、结构和属性，对物质的材料（质料）、能量和信息的认识，是随着科学的发展而发展的。譬如，就物质的具体形态来说，除了实物的形态外，还有场（电磁场、引力场、核力场等）的形态。就物质的结构来说，除了分子结构外，还有原子（内部有原子核、电子）结构、原子核（内部有质子、中子等微观粒子）结构、粒子（内部有层子即夸克）结构。就物质的属性来说，有与电子、质子等已知粒子的某种物理属性正好相反的"反粒子"。这都说明物质的具体形态、结构和属性是无限多样的，物质的材料（质料）、能量和信息同样也是丰富多样的，因而人们对物质的认识也是永无止境的。但无论怎样，物质的客观实在性并不会因此改变，哲学的物质概念不会过时。人们对物质的认识，会随着科学的发展而不断深化、丰富和发展。

大科学家爱因斯坦（Einstein，1879—1955 年）也看到了这一点。他在《物理学的进化》中说："我们有两种实在：实物和场。毫无疑问，我们现在不能像 19 世纪初期的物理学家那样，设想把整个物理学建筑在实物的概念之上。根据相对论，我们知道物质蕴藏着大量的能，而能又代表物质。我们不能用这个方式定性地来区别实物与场，因为实物与场之间的区别不是定性上的区别。最大部分的能集中在实物之中，但是围绕微粒的场也代表能，不过数量特别微小而已。因此我们可以说：实物便是能量密度特别大的地方，场便是能量密度小的地方。但如果是这样的话，那么实物和场之间的区别，与其说是定性的问题，倒不如说是定量的问题。把实物和场看作是彼此完全不同性质的两种东西是毫无意义的，我们不能想象有一个明确的界面把场和实物截然分开。"[2] 爱因斯坦关于"实物"与"场"的看法表明：真正探究世界奥妙并能有所作为的科学家，在最后总会不自觉地从形而上学的唯物主义物质观走向辩证唯物主义物质观。

恩格斯在《自然辩证法》中指出："实物、物质无非是各种实物的总和，而这一概念就是从这一总和中抽象出来"[3]；物质这个词"无非是个简称"，"我们就用这种简称把感官可感知的许多不同的事物依照其共同的属性概括起来"[4]。在实际中存在的是各种特定的、具有质的差异的"实物"，人们可以通过感性感觉感知到它们。但哲学中的物质并不是感性存在物，它是从各种特定实物总和中抽象出来，用以把握各种实物共同属性的抽象。人们只有"通过认识个别物"才能相应地认识"物质本身"。正是在这个意义上，恩格斯认为："物质本身是纯粹的思想创造物和纯粹的抽象。当我们用物质概念来概括各种有形地存在着的事物的时候，我们是把它们的质的差异撇开了。因此，物质本身和各种特定的、实存的物质的东西不同，它不是感性地存在着的东西。"[5]

马克思主义哲学的物质概念是关于物质世界形态各异的、具体的、特殊的、个别的、活生生的现存物质形态的一般的、科学的、正确的抽象。人们见到的都是具体的、个别的、特殊的物质形态，如大到太阳、地球、月亮，小到细胞、细菌、病毒，无论是有机物还是无机物，所有这些具体物质所共同具有的内在本质，都是一般的、普遍的、共同的、内在的哲学抽象。辩证唯物主义物质观就是科学概括的物质观。比如，用对撞机所发现的基本粒子，虽然肉眼看不到，但它仍然是人所能认识到的客观实在的物质。

辩证唯物主义物质观认为，物质是独立于人的意识，而又为人的意识所能感觉到的、所能认知的客观实在。客观实在性是物质的根本属性。

列宁对物质所做的定义是辩证唯物主义对形形色色具体物质形态的抽象。列宁提出："物质是标志客观实在的哲学范畴，这种客观实在是人通过感觉感知的，它不依赖于我们的感觉而存在，为我们的感觉所复写、摄影、反映。""在认识论上指的只是不依赖于人的意识而存在并且为人的意识所反映的客观实在，而不是任何别的东西。"[6] 列宁的这一定义从恩格斯基本思路出发，同时又吸取了 20 世纪初自然科学成果，明确界定了物质的"从实物总和抽象出来的共同属性"——客观实在性。

从客观实在性出发，列宁肯定了"原子的可变性和不可穷尽性"，认为"电子和原子一样，也是不可穷尽的"[7]。针对马赫的质疑，列宁指出："'物质在消失'这句话的意思是说：至今我们认识物质所达到的那个界限正在消失，我们的知识正在深化；那些从前看来是绝对的、不变的、原本的物质特性（不可入性、惯性、质量等等）正在消失，现在它们显现出是相对的、仅为物质的某些状态所固有的。"[8] 正如列宁所说，"因为物质的唯一'特性'就是：它是客观实在，它存在于我们的意识之外"。[9]

列宁的这番话，标志着马克思主义哲学对"物质"的认识达到辩证唯物主义的全新境界，不论是早先的原子，后来的中子、夸克，还是最近才刚刚认识到的弦，这些在现代科学进步中被逐渐发现出来的"基本粒子"，其结构与形态虽然发生了很大乃至天翻地覆的变化，但是作为物质所具有的客观实在性依然没有变。

从物质的客观实在性出发，列宁进一步阐明了恩格斯提出的"世界的统一性在于它的物质性"的观点，强调世界的

本原是物质的，世界统一于其物质性。

辩证唯物主义物质观在强调物质独立于人的意识的同时，又强调物质的可感知性。列宁的物质定义首先强调了物质在人的意识之外，划清了唯物主义与唯心主义的界限，同时又明确指出物质"是人通过感觉感知的"，"为我们的感觉所复写、摄影、反映"，物质具有可知性，可反映性。这就坚持了辩证唯物主义的反映论和可知论，同怀疑感觉经验之外的客观实在、否认客观事物可知性的不可知论划清了界限。

当然，也许有人会问到，列宁讲的物质特性是人的感觉能够感知到的客观实在性，而现代科学发现的许多物质并不是人能直接感觉到的，那么列宁关于物质的定义是否过时了呢？其实不然，望远镜是眼睛的延长，雷达是耳朵的延长，电脑是人脑的延长……人们借助现代科学技术，延长了人的感觉器官，观察到人本身固有的感官所观察不到的物质形态，同样也是人所感知认知的。

马克思主义哲学物质观告诉我们，世界是物质的，而物质的具体形态又是多种多样的。人类社会则是更为复杂的物质形态，是与周围自然界相统一的，都统一于物质。一切社会现象，归根结底，都是物质世界长期发展的产物，只能用物质原因来说明。在一定条件下，世界的物质形态是可以相互转化的，但无论如何转化，物质的总量既不会增加，也不会减少，物质既不能凭空产生，也不会湮灭。能量守恒和转化定律雄辩地证明了这一点。

马克思主义哲学物质观为我们认识物质世界奠定了坚实的唯物主义基础。但人类对物质的认识并没有停止，也不可能停止，人类对物质的认识还处在继续深化，也必须深化的过程中。

恩格斯指出："随着自然科学领域中每一个划时代的发现，唯物主义也必然要改变自己的形式。"[10] 随着现代科学的发展，物质正以越来越丰富、越来越复杂、越来越匪夷所思的形态呈现于人们面前。请看几个已经广为人们关注但尚未有定论的例子，如"暗物质、反物质、黑洞"等科学假说：

首先是"暗物质"（dark matter）。

1915 年，爱因斯坦根据他的相对论提出一个令人惊讶的推测：宇宙的形状取决于宇宙质量的多少，如果按约定认识把宇宙理解为是有限封闭的，那么宇宙中物质的平均密度必须达到每立方厘米 5×10^{-30} 克。但是，迄今可观测到的宇宙的密度，却比这个值小 100 倍。也就是说，宇宙中的大多数物质"失踪"了，一些科学家把这种"失踪"的物质叫作"暗物质"。这一说法被现代宇宙学证实了。现代宇宙学认为，整个宇宙中物质占 27% 左右，暗能量占 73% 左右。而在这 27% 的物质中，暗物质占 90%，夸克物质占 10%。夸克物质是迄今为止人类能观察、能认知、能解释其基本粒子构成的物质形态，但暗物质是由什么组成的仍然是个谜。暗物质不发射电磁辐射，也不与电磁波相互作用，无法直接观测到，却能干扰星体发出的光波或引力，其存在能被明显地感受到。科学家曾对暗物质的特性提出了多种假设，但直到目前还没有得到充分的证明。

与暗物质相应，更往前走一步的是"反物质"（antimatter）。

反物质概念是英国物理学家、量子力学的创始者之一狄拉克（Dirac，1902—1984 年）最早提出的。他在 20 世纪 30 年代预言，每一种粒子都应该有一个与之相对的反粒子，例如反电子，其质量与电子完全相同，而携带的电荷正好相反，是正的。这一预言逐渐为随后的科学发现所证实。1932 年，瑞典裔美国物理学家，正电子的发现者，1936 年诺贝尔物理学奖得主安德森（Anderson，1905—1991 年）发现了正电子；1955 年，伯克利实验室的质子加速器"制造"出了反质子（带有负电荷的质子）；欧洲原子核研究委员会（CERN）的科学家们将正电子与反质子配对，制造出反原子；欧洲航天局的伽马射线天文观测台，证实了宇宙间反物质的存在。但是粒子层面上的反物质很难捕获，也很难直接观察到。曾有科学家戏言，如果你有一天观察到并且捕捉到了反物质，那么可以毫不怀疑地说，它肯定仍然是物质，不是反物质。因为，反物质是正常物质的反状态，当正反物质相遇时，双方就会相互湮灭抵消，发生爆炸并产生巨大能量，其能量释放级别是宇宙级的，现在地球上所有能量相加与其相比都称不上九牛一毛。

还有"黑洞"（Black hole）。

黑洞是一种引力极强的天体，说它"黑"，是指它就像宇宙中的无底洞，任何物质一旦掉进去，就再不能逃出，甚至连光也不例外。由于黑洞中的光无法逃逸，所以我们无法直接观测到黑洞。然而，可以通过测量它对周围天体的作用和影响来间接观测或推测到它的存在。宇宙中大部分星系，包括人们居住的银河系的中心，都隐藏着超大质量黑洞。黑洞质量大小不一，从约100万个太阳质量到大约100亿个太阳质量。"黑洞"究竟是由正物质组成，还是由反物质组成？目前宇宙学界并无定论，虽然黑洞的形成是可能的，大多由恒星坍缩形成，但坍缩过程中的高能反应会不会产生反物质却是不确定的，毕竟人们是"看"不到黑洞的。甚至有些科学家否认黑洞的存在。2014年1月24日英国著名科学家斯蒂芬·威廉·霍金（Stephen William Hawking，1942年— ）

教授发表论文，就指出黑洞其实是不存在的，不过灰洞确实存在。当然，对这个说法学术界也反响不一。

　　暗物质、反物质、黑洞……至今还都是科学假说，但这些假说所指出的这些新发现的物质形态固然不会动摇马克思主义哲学关于"物质"的科学定义，也否定不了这一定义的科学性，但也确实拓宽了人们对物质理解的视界。

　　马克思主义哲学必须站在现代科学的最前沿对这些新的物质现象作出回应，这也是坚持和发展马克思主义哲学的使命所在。对暗物质、反物质、黑洞等物质形态的科学证实，一方面说明了马克思主义物质观的正确性，另一方面从具体科学角度来说，对它们的具体特性还需要进一步观察、探索和研究。

二、物质是运动的
——坐地日行八万里，巡天遥看一千河

　　两个世纪前的一天，巴黎报纸上登了一则广告。广告宣称"你想周游世界么，你想领略浩渺无穷的宇宙景观么，只花一生丁，就可实现你的愿望！"很多人被从天上掉下的这么大一个馅饼给砸晕了，多好的事啊，于是纷纷给登广告的

人寄去了一生丁。不久这些人收到了一封信，信中说，现在就请你把家中的窗帘打开，平躺在床上仰望星空，欣赏美景吧，地球正带着我们以每小时八万英里的速度在宇宙中遨游。

这简直就是大骗子，但这骗子说的却不是谎话。世界上的一切物质都无时无刻不处在运动中，宇宙本身在膨胀，地球确实在宇宙中迅速移动。

如果说当时的法国人这样做没有错，但尚没有什么确切根据的话，进入 20 世纪，科学进步已经可以对地球的运动做很精确的计算，并且地球运动作为基本常识也进入了政治家、哲学家的视野。

1958 年 7 月 3 日，毛泽东在《人民日报》上发表了两首诗，其中的两句"坐地日行八万里，巡天遥看一千河"在引发大家无限遐想的同时，也引发了毛泽东在湖南第一师范时的同学蒋竹如（1898—1967 年）的一些质疑。就此，毛泽东在 1958 年 8 月 25 日给著名教育家和爱国民主人士周世钊（1897—1976 年）写的一封信中特别做了详尽的说明："蒋竹如讲得不对。坐地日行八万里，是有数据的。地球直径约一万二千五百公里，以圆周率三点一四一六乘之，得约四万公里，即八万华里。这是地球的自转（即一天时间）里程。坐火车、轮船、汽车，要付代价，叫作旅行。坐地球，不付代价（即不买车票），日行八万里，问人这是旅行么，答曰不是，我一动也没有动。真是岂有此理！囿于习俗，迷信未除。完全的日常生活，许多人却以为怪。巡天，即谓我们这个太阳系（地球在内）每日每时都在银河系里穿来穿去。银河一河也，河则无限，'一千'言其多而已。我们人类只是'巡'在一条河中，看则可以无数。"这段话讲得很轻松幽默，但其中的道理是无懈可击的，是有着坚实的科学依据的。

世界上的物质都处于运动中，即使是那些表面上不动的东西其实也都在一刻不停地运动。世界是物质的，物质是运动的，整个世界是永恒运动着的物质世界。坚持物质论与运动论相统一，是马克思主义哲学对世界最基本的看法，既反对世界本原是精神的唯心主义，又反对物质世界永恒不变的形而上学观点。

承认物质是世界的本原，只是唯物主义的一个前提，随之而来的是还要回答物质是如何存在的。唯物主义斩钉截铁的答案是：物质在运动中存在。世界上从最大的东西到最小的东西，从自然界到人类社会，构成世界的物质不是寂然不动的、一成不变的，而是时时刻刻处于运动变化之中，没有什么事物是不运动的。

运动是物质的根本属性和存在方式。辩证唯物主义从物质和运动相统一的高度理解世界，坚持物质和运动不可分的观点。

　　一方面，物质是运动着的物质，脱离运动的物质是不存在的。若认为存在不运动的物质，就会导致形而上学。另一方面，物质是一切运动变化和发展过程的实在基础和承担者，世界上没有离开物质的运动。任何形式的运动，都有它的物质主体。若认为存在无物质的运动，就会导致唯心主义。19世纪德国化学家奥斯特瓦尔德（Ostwald，1853—1932年）提出"唯能论"，认为物质可以"消灭"，转化为纯粹的"能"，"能"是没有物质的运动。实际上，离开物质，"能"就不存在了。

　　需要注意的是，辩证唯物主义讲的"运动"与人们日常生活中感受到的运动不完全是一回事，而是把运动理解为宇宙中发生的一切变化和过程，理解为物质存在的根本方式。"运动"是标志一切事物和现象的变化及其过程的哲学范畴。恩格斯说："运动，就它被理解为物质的存在方式，物质的固有属性这一最一般的意义来说，涵盖宇宙中发生的一切变化和过程，从单纯的位置变动直到思维。"[11]

　　物质运动是绝对的，静止是相对的，静止也不过是运动的一种形式。

　　物质运动的绝对性体现了物质运动的变动性、无条件性。有人可能会说，世界上也有静止不动的东西，像停在路边的汽车，放在家里的桌子，都是静止的；至于说巍峨的大山不也一动不动吗？马克思主义哲学物质观和运动观的回答是，世界上客观存在静止的现象，但这种现象只是运动的一种特殊状态，是一种有条件的、在特定关系内处于相对稳定的运动状态。路边的汽车相对于路来说是静止的，桌子相对于屋子来说也是静止的，但它们本身又处于时刻在运动中的地球上，相对于地球之外的其他物体而言，它运动的速度也并不慢。而且它们的内部时时刻刻都在发生物理的、化学的等各种变化，只不过这个变化即运动不易为人所注意罢了。

仅以地球为参照系，人们看起来不动的东西其实仍处于一刻不停的变动过程中，只不过这一变动微小缓慢，对于某一具体的个人来说不可能感受到罢了。像喜马拉雅山在第四纪时期的 300 万年间从 5000 多米长到 8000 多米，之所以没有哪一个人看到它长高，是因为我们实在不够长寿罢了。还有些事物，它们的变化虽然不一定缓慢，但由于距离人们太遥远，或者它们太小，人们也不容易感觉到它们的运动。譬如，我们所说的天体中的"恒星"，顾名思义，是因为认为它们是永恒不动的。其实不然，牛郎星以每秒 14 公里的速度向地球方向疾驰，只不过它离地球有 26 光年（1 光年约

94605亿公里），距离我们太远，我们看不到它在运动。有许多基本粒子，从出生到"衰变"或"湮灭"，只有几百亿甚至几万亿分之一秒，运动速度相当快，可谓"瞬息万变"，但由于它们太小，人们也不可能感觉到它的运动。

辩证唯物主义认为，物质的运动是绝对的，却并不否认物质在运动过程中有某种暂时的静止。但静止是相对的。静止是物质运动在一定条件下的稳定状态，包括空间位置和根本性质暂时未变这样两种运动的特殊状态。静止是相对的、有条件的，而运动则是绝对的、无条件的。运动和静止相互依赖、相互渗透、相互包含，动中有静，静中有动。相对静止是物质运动的一种特殊形式。

物质的运动形式是指物质运动的表现形态，它是由事物内部特殊的矛盾决定的。物质的种类是无限多样的，物质的运动形式也是无限多样的。

恩格斯在《自然辩证法》一书中，根据当时科学发展的成就和水平，按照由低级到高级、由简单到复杂的顺序，把无限多样的运动形式划分为五种基本形式：机械运动、物理运动、化学运动、生命运动和社会运动。每一种基本的运动形式又包含许多具体的运动形式。如机械的运动形式，包括直线运动、曲线运动、平动、转动、匀速运动和变速运动等。

恩格斯还研究了各种运动形式的相互转化，分析了高级运动形式和低级运动形式的关系，指出物质运动的各种形式之间是辩证统一的关系。

各种运动形式具有不同的物质基础和特定的运动规律。例如，机械运动是物体的机械位移，它是最低级、最简单的运动形式；生命运动的物质基础是核酸和蛋白质，它是自然界中最高级、最复杂的运动形式。各种不同的运动形式之间存在着本质的区别，不能把它们混淆起来。因此，既不能把低级运动形式拔高为高级运动形式，也不能把高级运动形式归结为低级运动形式。机械唯物主义的一个根本错误，就是把一切运动形式都归结为机械运动；用单纯的生物运动来说明社会运动，则是社会达尔文主义的错误观点。

复杂多样的物质运动形式既相互区别，又相互联系、相互渗透、相互转化。低级运动形式是高级运动形式的基础，高级运动形式包含低级运动形式。各种运动形式在一定条件下相互转化。不仅低级运动形式可以转化为高级运动形式，高级运动形式也可以转化为低级运动形式。例如，物体通过摩擦和碰撞可以产生热、电、光，这是机械运动转化为物理运动；热通过热力机，电通过电动机，光通过光压的作用，都可以转化为机械运动。尽管各种运动形式可以相互转化，但运动是永恒的。任何运动都不会从无到有，也不会从有到无，而只能从一种形式转化为另一种形式。能量守恒和转化定律充分证明了这个原理的正确性。能量是物质运动的量度。能量守恒和转化定律反映了自然界各种运动形式的相互依存、相互转化，说明物质运动不能任意创造和消灭，只能由一种形式转化为另一种形式。

马克思主义哲学关于物质基本运动形式的划分，对人们探索自然界的奥秘和进行科学分类，具有重要的指导意义，同时对建立和发展辩证唯物主义的物质运动观起了极其巨大的作用。当然，随着自然科学的进一步发展，人们对物质运动形式的认识逐渐深化，关于物质运动形式的学说也必然会有新的发展。

三、时空是物质运动的基本形式
——时空穿越可能吗

相声《关公战秦琼》意在讽刺那些不懂历史的人。关公关云长是东汉三国时期的人，秦琼秦叔宝是隋末唐初的人，两者相隔四五百年，怎么可能在一块打仗呢？但随着时代的演进，社会的发展，有越来越多的文化艺术作品开始关注"关公战秦琼"一类"跨越时空"的话题了。尤其是当下中国的影视剧作品，甚至兴起了一股"穿越"潮，一个现代人动不动就从现代社会穿越回了清朝、唐朝，乃至秦朝去了，或者与其时的公主格格打情骂俏，乐不思蜀；或者与当时的公子王孙大打出手争皇夺位，演变历史。

这样的"穿越"情节是否荒唐？要回答这个问题需要对时间、空间有一个科学的认识。

时空观是人们对时间和空间的总的看法。辩证唯物主义认为，时间、空间是运动着的物质的存在形式。时空和物质不可分，没有物质，就不会有它存在的空间，也就没有它存在的时间，时间和空间都不能脱离物质而独立存在。

在人们的素朴直觉观念中，时间好像一条独立的长河，在万事万物旁边不紧不慢地往前走，一去而不复返。孔子（前551—前479年）站在一条河流旁边，看到河水日夜不停地流淌，感叹地说："逝者如斯夫，不舍昼夜"，也表达了类似的意思。空间好像一个巨大无垠的大盒子，把万事万物都装在里面。牛顿（Newton，1643—1727年）认为："绝对的空间，它自己的本性与任何外在的东西无关，总保持相似且不动"，是容纳物体的容器。又说："绝对的、真实的和数学的时间，它自己以及它自己的本性与任何外在的东西无关，它均一地流动。"[12]

这种观念虽然与人们的常识相吻合，却是错误的，因为这种观念将导致空间、时间脱离运动着的物质而客观存在的结论。事实上，时间、空间离不开物质运动，离开物质运动的时间和空间是不存在的，不会有什么绝对空间和绝对时间。

也许有人会说，"真空"不就是什么都没有吗？其实不然。现代物理学研究表明，"真空"并不空，反而有更复杂的物质结构。"真空"内存在着各种处于基态的量子场。从微观看来，"真空"内物质还处于一种剧烈的运动之中，处于量子场的运动，形象地说"真空"像一个波涛汹涌的虚粒子海洋。当它从外界吸收一定能量时，可以转化为可观测到的实物粒子。

还有人会问，现代科学研究表明在宇宙诞生之前的大爆炸"奇点"，不就是一种既没有时间空间又没有物质的状态吗？也不然。在"奇点"领域虽然不存在人们现在理解的物质，但仍有未知物质存在，并且会以另外一种物理时空观形式出现。正如德国理论物理学家、量子力学奠基人之一玻恩（Born，1882—1970 年）所说："我们所知道的宇宙的起源可能是物质另外发展形式的终结——即使我们实际上永远不可能对这种发展形式有所了解。因为全部痕迹都在崩溃与再造的混乱中被毁掉了。"爱因斯坦同样深刻地指出："空间—时间未必能看作可以脱离物理世界的真实客体而独立存在的东西，并不是物体存在于空间中，而是这些物体具有空间广延性。这样看来，关于'一无所有的空间'的概念就失去了意义。"[13]

马克思主义哲学认为，时间就是物质运动的持续性、顺序性，它表明一事物和另一事物、一运动过程和另一运动过程依次出现的先后顺序；空间就是运动着的物质的伸张性、广延性，是指物体的位置、规模和体积。一方面作为运动着的物质的存在形式，时间、空间同物质运动是不可分离的；另一方面，物质运动离不开时间和空间，离开时间和空间的物质运动是无法存在的。

值得一提的是，在中国传统文化中，早就把物质与时空紧密联系在一起，而把它们联系在一起的就是"宇宙"这个词。在汉语中"宇宙"本意是时间和空间的代名词。正所谓"四方上下曰宇，古往今来曰宙"，四方上下就是空间的概念，古往今来则是时间的概念。把时间与空间合起来称为"宇宙"，指代世界万物，反映的正是物质与时空有机统一的认识。

时间和空间是运动着的物质的存在形式，物质是不依赖于人的意识的客观实在，作为物质存在形式的时间和空间是客观实在的。

唯物主义肯定时间和空间的客观性，而唯心主义一般不否认时间和空间观念，只是不承认时间和空间的客观性。例如，英国主观唯心主义哲学家贝克莱（Berkeley，1685—

1753年）认为，空间只是视觉、感觉和动觉的主观结果，时间只不过是人的精神的思想连续性。康德唯心主义时空观认为，时间和空间不是客观事物所固有的，而是存在于人的头脑的主观形式。当代一些唯心主义者也极力否定时间和空间的客观性质。唯心主义把时空说成是人的主观形式，不是客观实在，这种观点是极其荒谬的。物质是客观实在，时间和空间作为它的存在形式，当然也是客观实在。列宁说："唯物主义既然承认客观实在即运动着的物质不依赖于我们的意识而存在，也就必然要承认时间和空间的客观实在性。"[14] 把时间、空间与物质分裂开来，必然导致唯心主义的时空观。

时间、空间是随着物质运动而变化的，时空是可以变化的。

绝对的平等是没有的，平等是相对的、有条件的。如果说世界上有一样东西对所有人都是绝对平等的，这就是时间。无论你长得美还是丑，时间的流逝都是一视同仁的，不会因为你美丽就过得慢一些，也不会因为你丑就跑得快一些。从常识来看，这个说法好像是确凿无疑的。但现代物理学的发展却颠覆了这个观点。

若干年前，在西方社会发生了这样一个小故事。有一对情侣相互爱得死去活来，结婚后发誓要共度人生的分分秒秒，为此还专门买了一对用原子量为 133 的铯原子制成的号称世界上最精准的鸳鸯手表，以保持两个人生活的同步与一致。但丈夫是世界五百强公司的总监，整天要在世界各地飞来飞去。一次丈夫环球旅行后回到家里，那对表出问题了，他的表比妻子的表竟然慢了若干毫微秒。这么高档的手表居然有质量问题，去找商店退货，可商店检测之后，却说表绝对精准，没有问题。

问题出在哪儿呢？出在空中飞行上。因为丈夫长途坐飞机导致了钟表显示出来的时间变慢，这是有实验依据的。据美国科学家研究，乘坐波音 747 客机从东向西飞行一周，原子钟会慢 273 毫微秒，1 毫微秒等于 10 亿分之一秒。这里需要特别注意的是，这个误差并不是作为时间测量仪器的"测量误差"，而确确实实是时间本身的"频率变慢"。

为什么会出现这种现象呢？这是由物质运动所导致的。根据爱因斯坦的相对论理论，时空与物质是相互依存的，时空的特性像时间间隔长短、空间弯曲程度等既与物质运动状态有关，还与物质本身分布有关。物质密度越大的区域，时空弯曲的曲率越大，具体表现就是空间越弯曲，时间流逝越慢。如果宇宙中的某个区域物质密度足够大，甚至会出现空间褶皱乃至空间坍塌；如果在宇宙间的某物体运动速度足够快，达到了光的速度，时间就会停止，超过了光的速度，时间还会倒流。当空间出现褶皱和坍塌，当时间出现停止和倒流的时候，前面所讲的那些穿越时空的想象就会成为可能。

对于普通人来说，抽象地谈时间频率变慢可能不太好理解。时间的测量一定要有参照系的，没有参照系，频率概念就没有意义。所谓在宇宙间存在不同时间频率是指做同一件事情呈现出来的时间跨度不同。在地球上，人的心跳是每分钟五十多下到六十下，差不多一秒钟一次。设想让一个人乘坐接近光速的宇宙飞船到了宇宙间一个物质密度异常大的地方，如果这个人还能活着的话，按照相对论的解释，他的心跳可能会变成一年一次，只是这一年一跳是从地球时间来看的，对于那个人来说，他不会感觉到他的心跳频率与在地球上有任何差别。从这个角度来看，中国古代神话中"天上方一日，人间已千年"的说法还真不是说说而已。

有的朋友可能会对"一日"与"千年"这么大的差距有些惊讶，其实在现代量子物理学的视野中，这只是"小儿科"。量子力学有一个宇宙模式的思想实验，在某一个宇宙进化阶段的某一个宇宙空间中，一种生物（我们姑且称之为"人"），它的生存尺度是量子级别的，眨一下眼睛所耗时间（用现在的地球时间来做尺度），是 10^{100} 年。也就是说它眨一下眼的工夫，我们的地球已经演化了几万个来回了。在这样的时间频率跨度上，一个"人"真可以历经沧海桑田，亲眼目睹宇宙行星乃至星系的孕育演化灭亡的全过程。

现代量子物理学中还有一个热门问题"虫洞"，就是空间发生褶皱的形象描述。现代物理学猜测，借助"虫洞"人类可能实现全宇宙乃至跨宇宙旅行，几十亿、上百亿光年的距离，在"虫洞"作用下就像通过一个墙壁的窟窿、从这面跨到那面一样简单。

当然，这种理论有一个前提是运动速度可以超越光速。但事实上爱因斯坦相对论正是建立在光速不变的前提之上。爱因斯坦认为，无论在何种惯性参照系中观察，光在真空中的传播速度都是一个常数，都为 299792.458 公里 / 秒。光速是宇宙中物质运动的极限，按照质能公式 $E=MC^2$，当物质运动速度达到光速时，物质质量将无限大，这在现有宇宙中是不可想象的，时空穿越是不可能的。

也有人不服气爱因斯坦的判断，认为速度不能超越光速只是爱因斯坦个人的独断。然而，在无限宇宙中一切都是有可能的。从哲学的观点看，这话倒也不假，但这对于穿越时空现实性的辩护没有多大作用。其实对于目前的人类社会来说，穿越时空也不全是技术的局限，还有伦理的制约。

像著名的"祖母悖论"，讲的就是穿越时空后发生的伦理悖谬。假如一个人穿越时空回到了过去，一不留神杀死了尚处于少女时期的他的祖母（这在逻辑上是可能的）。但问题是当他杀死尚是少女的祖母后，他父亲就不可能出生，自然他也就不可能出生，那么他又是从哪里来的呢？如果他不存在，那么在现在这个世界上已经生活了这么多年的他又是谁呢？看来，时空旅行也确实是一件不能当真的事情。伦理悖论是客观矛盾的反映，"祖母悖论"是时空无限性和有限性的矛盾反映，对这类时空悖论只有用关于时空的无限性与有限性辩证统一的思维方式来解答。

时空是变化的，时空的变化是物质的变化，不能因为时空是可变的就否定时空的客观性。只有用辩证的观点理解时空与物质的不可分割性，才能在时空问题上坚持彻底的唯物主义。物理学时空观总会随着物质及其运动的深入研究而改变，但这种改变否定不了哲学上的时空观。针对"相对的时空观"，列宁指出："正如关于物质的构造和运动形式的科学知识的可变性并没有推翻外部世界的客观实在性一样，人类的时空观念的可变性也没有推翻空间和时间的客观实在性。"[15]

物质运动是绝对与相对的统一，决定了物质的存在形式——时间与空间也是无限与有限的统一。

物质世界在时间上是无始无终的，在空间上又是无边无际的，这就是时间和空间的无限性。每一具体事物的发展过程是有始有终的，其占有的空间总是有限的，这就是时间和空间的有限性。

时空的无限性和有限性是辩证的统一。一方面，无限包含有限，无限是由有限所构成的。无限的时空必然把具体的、现实的、有限的时空包含于自身之中，无数的具体有限的时空构成了物质世界无限的时间和空间。宇宙的时空是无限的，但宇宙中的每一个具体的物体，如恒星，其时空又是有限的。另一方面，有限包含着无限，体现着无限。任何有限的具体事物都包含着无限的层次，每个有限的事物都由于自身的矛盾运动，而打破自身存在的界限进入无限之中。所以，无限包含于有限之中，整个物质世界的无限的时间、空间就存在于无数具体有限的时间和空间之中。从物质世界的整体来说，时间和空间是无限的；从物质存在的具体形态来说，它的时间和空间又是有限的。

美国物理学家，1979年诺贝尔奖获得者温伯格（Weinberg，1933年—　）指出："无论如何，我们总要承认我们简单的宇宙模型可能只描述了宇宙的一小部分，或者只描述了它的历史里的有限部分。"有一种"暴涨宇宙模型"学说认为，类似"我们的宇宙"在无限宇宙中可以有1050或103000个……至于无数有限的"我们的宇宙"如何构成"无限宇宙"的问题，即无限宇宙如何构成一个"综合有机的系统"，只能是有待于今后进一步认识的课题。"大爆炸"假说认为，150亿年前的"大爆炸"（Big Bang）只是我们所认为的宇宙的起点，是我们所认为的宇宙时间与空间的开始，并不能因之就认为此前没有物质与时空。辩证唯物主义认为任何物质的具体形态，包括我们所认为的宇宙总是有生有灭的，其"生命"总是有限的。但这与"无限宇宙"的时间无限性并不矛盾。

四、运动是有规律的
——诸葛亮为什么能借来东风

赤壁之战是中国古典名著《三国演义》中最精彩的故事之一，而其中最神奇的情节是三国时期蜀汉丞相、政治家、军事家、文学家诸葛亮（181—234年）在"七星坛"上披发仗剑借东风。孙权（182—252年）与刘备（161—223年）联军要向北岸曹操的船队放火，必须靠东南风才能办到，当时正当隆冬季节，天天都刮西北风。在这样的情况下，诸葛亮竟然能借来东风火烧曹军的战船，大败曹军，三国鼎立的局势由此确立。这简直是不可思议的事情，却真的发生了。诸葛亮真能借东风吗？如果不是，那么这里面到底有何玄机？

其实，"借东风"完全是诸葛亮玩的把戏。诸葛亮不是孙悟空，雷公电母风婆婆是不会听他调遣的。东风本自有，只是别人不知，诸葛亮知道而已。为什么诸葛亮知道？因为他懂得天文地理，掌握了天文地理相互作用的规律。根据当时的节气变动和赤壁的特殊地形，他知道三天后会形成一场东风，所以就玩了那么一个把戏。

诸葛亮借东风的故事告诉我们，世界万事万物的运动看似变幻莫测、杂乱无章，其实背后都是有规律的，只要认识到规律就可以按照规律做人们想做的事情。

物质运动是有规律的。

马克思主义哲学认为，规律是物质运动过程本身所固有的联系，是物质运动过程中的本质联系和必然联系。规律是客观存在的，规律的存在和发生作用不以人的意志为转移，不管承认不承认，规律总是以其必然性起着作用；规律既不能被创造，也不能被消灭。无论自然界还是人类社会，不仅都按照本身固有的规律向前发展，而且规律贯穿着事物发展过程的始终，开始如此、过程如此、将来也必然如此。

唯心主义或者否认规律的存在，或者以这样那样的方式把规律说成是"绝对精神"、个人的主观意志等意识现象的产物，甚至认为规律是人强加给自然界的。比如，太阳每天从东方升起，这是为地球绕太阳公转的宇宙自然规律所决定的，是确定无疑的事情。但唯心主义者却不认可。英国哲学家休谟说，太阳在过去几千年里都是照常升起，但明天还能不能升起却不能肯定。确实，规律现象也表现为前后关系，但前后关系并不必然反映规律作用。人们认为蚂蚁回巢预示天要下雨，可是下雨并不是蚂蚁回巢引起的。

唯心主义连自然界的规律都不承认，就更不用说人类社会的规律了。否认人类社会的发展有客观规律性，是唯心史观的根本特征之一。马克思、恩格斯创立了唯物史观，并发现了人类社会发展的一般规律，才第一次使人们真正认识到，人类社会和自然界一样，也是按照自己固有的客观规律运动和发展的。

人们要想在活动中获得预期的目的，即取得成功，就要从实际出发，坚持实事求是，尊重客观规律，按照客观规律办事，否则就会受到客观规律的惩罚。《孟子·公孙丑上》讲了一个"揠苗助长"的故事：宋国有个人担忧他的禾苗不长高，就拔高了禾苗，一天下来十分疲劳，回到家对他的家人说："今天可把我累坏了，我帮助禾苗长高了！"他儿子听说后急忙到地里去看，发现禾苗都枯萎了。孟子（约前372—前289年）以这个例子说明道德修养要循序渐进，不能急于求成；人们想问题办事情要遵循规律，不可盲目蛮干。

规律是客观的，人在客观规律面前并不是消极被动的。规律是可以认识、可以利用的。

人们能够在实践中认识规律，并运用规律性认识指导实践，以改造世界，实现目的，获得自由。我国古代成语"庖丁解牛"，说的就是经过反复实践，掌握了事物的客观规律，做事得心应手，运用自如，游刃有余的故事。这个故事出自《庄子·养生主》："庖丁为文惠君解牛，手之所触，肩之所倚，足之所履，膝之所踦，砉然响然，奏刀騞然，莫不中音。"能把解牛过程变成一种艺术表演，可见庖丁对规律把握之深入。

能认识规律并利用规律，也是人类与动物的最大区别之一。动物也会无意识地遵循客观的规律，甚至在遵循规律的前提下做出的物件比人工的更精致，但这对动物来说只是本能，而人则是理性认知。这也就是恩格斯为什么说蜜蜂再完美的蜂窝与蹩脚工匠再糟糕的作品也是不可比拟的。

但是在肯定人能认识规律的时候，一定不要颠倒人与规律的关系。现代宇宙学中有一个"人择原理"，其基本观点就是宇宙间的一切存在都是为了人而存在，因为人而存在。这一理论之所以有影响，是因为现代宇宙学研究表明，宇宙能产生生命的概率实在是微乎其微，一些基本的宇宙常数哪怕有丁点的偏差，甚至是 10^{-100} 这么小的偏差，生命都不可能存在。以至于有位天文学家把宇宙产生生命与"一场龙卷风袭击废旧汽车场时凑巧完整装配成一架波音 747 飞机的可能性"相比。宇宙如果不是为人而存在，这一切又怎么可能发生。

从这一基本立场出发，"人择原理"又有两个版本。"强人择原理"主张宇宙一定具有在某一时刻产生生命的本性。这一主张的潜台词是存在一个至高无上的宇宙意志来安排一切，这就从根本上否定了规律的客观性，与唯物主义的立场相去甚远，比较容易辨别。"弱人择原理"则认为人们对宇宙所做的观察都限于人们作为观察者自身的条件。一个最有名的例子就是，土豆长在鞋子里就成为了鞋子的形状，长在帽子里则会是帽子的形状。"弱人择原理"不否定规律的客观性，但割裂了规律本身与认识到的规律之间的关系，有点像康德关于"物自体"的论述，这与辩证唯物主义认识论之间的差别需要谨慎辨析。

一般来说，对自然规律的认识和利用不直接受阶级、集团和社会力量的根本利益的影响，而对社会规律的认识和利用则直接受阶级、集团和社会力量根本利益的影响。因此，认识和利用社会规律，往往要克服来自反动的阶级、集团和社会力量的抵制和反抗，克服人们的保守思想。

人们对于规律的认识是不断深化的。

人对规律的认识是一个渐进的过程，是一个从初步认识到深化认识的过程、从小范围认识到更大范围认识的过程、从认识相对准确到认识更加准确的过程。这一过程中的每一个阶段都反映了当时所达到的认识水平，在当时的认识范围内是正确的，但当进入更广大的范围时，规律又会表现为新的形态。

人类关于几何学的认识说明了这个道理。公元前 3 世纪，有了欧几里德几何。到了 19 世纪，又出现了罗巴切夫斯基几何和黎曼几何。这三种不同几何形态其实是人们在不同宇宙尺度下对规律的认知。在人们的日常生活中，欧式几何是适用的；在宇宙空间中或原子核世界中，罗氏几何更符合客观实际；在地球表面研究航海、航空等实际问题中，黎曼几何更准确一些。至于说还会不会出现第四种几何，从哲学的视角来看，一切都有可能。毕竟人类对规律的认识依然而且必然处在继续深化的过程中。

结　语

世界是物质的，世界的统一性在于物质性；物质是运动的，运动是绝对的，静止是相对的，运动是物质的存在形式，物质与运动不可分割；时间和空间是物质运动的基本形式，时间和空间随着物质运动而变化，时间和空间的无限性与有限性是辩证统一的；物质运动是有规律的，规律既不可创造，也不可消灭，规律是可以认识、可以利用的，人的认识要符合客观规律，要随着规律的发展而不断深化。这些都是马克思主义物质观的基本观点。坚持辩证唯物主义物质观，在实际工作中，就要坚持物质第一性的原则，从物质经济原因出发分析问题、认识问题、解决问题，把社会生产力作为根本标准，把人民的物质利益放在第一位，让主观符合客观，从客观实际出发，按照客观规律办事。

注　释

1　《列宁专题文集　论辩证唯物主义和历史唯物主义》，人民出版社2009年版，第90页。

2　爱因斯坦：《物理学的进化》，湖南教育出版社2007年版，第209页。

3　《马克思恩格斯选集》第3卷，人民出版社1995年版，第556页。

4　《马克思恩格斯全集》第20卷，人民出版社1971年版，第579页。

5　《马克思恩格斯文集》第9卷，人民出版社2009年版，第511页。

6　《列宁选集》第2卷，人民出版社1995年版，第192页。

7　《列宁专题文集　论辩证唯物主义和历史唯物主义》，人民出版社

2009 年版，第 344 页。

8 《列宁选集》第 2 卷，人民出版社 1995 年版，第 191 页。

9 《列宁选集》第 2 卷，人民出版社 1995 年版，第 192 页。

10 《马克思恩格斯文集》第 4 卷，人民出版社 2009 年版，第 281 页。

11 《马克思恩格斯文集》第 9 卷，人民出版社 2009 年版，第 513 页。

12 参见牛顿:《自然哲学的数学原理》，商务印书馆 2009 年版，第 7 页。

13 参见爱因斯坦:《狭义与广义相对论浅说》，上海科学技术出版社 1964 年版，第 15 版说明。

14 《列宁专题文集　论辩证唯物主义和历史唯物主义》，人民出版社 2009 年版，第 75 页。

15 《列宁专题文集　论辩证唯物主义和历史唯物主义》，人民出版社 2009 年版，第 75 页。

意识是存在的反映

——意识论

意识是物质世界长期发展的产物，是社会的产物，是人脑的机能；意识的内容是物质世界的反映，意识对物质又具有能动的作用。

意识是与物质既相对立又相统一的精神现象。辩证唯物主义科学地阐明了物质与意识的辩证关系，认为物质决定意识，意识是物质世界发展到一定阶段的产物，是人脑的机能；意识的内容是对物质世界的反映，意识对物质又具有能动的作用，彻底批驳了唯心主义意识观的荒谬，完全克服了旧唯物主义意识观的缺陷。

一、意识是物质世界长期发展的产物
——动物具有"高超智能"吗

　　恩格斯曾经说过，人的意识是"地球上最美丽的花朵"。这"最美丽的花朵"是专属于人的吗？人们在日常生活中，或者在马戏团之类的场合，至少在影视剧、纪录片中，都曾经见过"猴子智取香蕉""黑猩猩灭火""鹦鹉学人说话""警犬协助破案""马做算术题""大象唱歌"……许多人在感叹之余常常会说，这些"聪明的"动物是"有智能的"。那么，动物的这类"智能活动"是不是一种意识活动？它们有没有类似人的真正的意识？

关于这个问题，我们还可以做出更具一般性的追问：意识究竟是什么？意识是从来就有的吗？或者说，意识是从哪儿来的？这些关于意识的本质和起源的问题，曾经是科学和哲学上最大的难题之一，困扰着一代又一代聪明的哲人。

在哲学史上，对于这些困难的问题，唯物主义与唯心主义都未曾回避，争相给出了各具特色的答案。当然，给出的都是截然不同、针锋相对的答案。

在人类早期，人们曾把意识看作是一种独特的、寓于人的肉体之中，并可以脱离肉体而独立存在的灵魂的活动。例如，柏拉图认为，灵魂在进入肉体之前，曾居于"理念世界"，具有理念的知识；中世纪经院哲学认为，灵魂是一种单纯的精神实体，灵魂是不死的，可以脱离人的肉体而独立存在；还有些主观唯心主义者则把意识的来源归结为心灵的自由创造。虽然唯心主义的说法多种多样，但共同特点是完全颠倒了物质与意识的关系，认为意识是第一性的，物质是第二性的，不是物质产生意识，倒是意识产生了物质。

在马克思主义以前，旧唯物主义各派别都认为，物质是第一性的，意识是第二性的。例如，古代有些唯物主义者认为，意识是一种最精微的物质的作用，这种最精微的物质或者是原子，或者是"精气"，它们是从来就存在的。我国东汉时期的著名唯物主义哲学家王充（27—97年）把肉体与精神的关系比作薪与火的关系，认为世界上根本没有"无体独知之精"。南北朝时期的著名唯物主义哲学家、杰出的无神论者范缜把肉体与精神的关系比作"刃之于利"，即是说，精神是"心"的作用，好比"利"是刀刃的作用。

18到19世纪欧洲的唯物主义者，根据自然科学的材料，对于物质与意识的关系作了若干具有科学意义的论证。例如，爱尔维修（Helvétius，1715—1771年）嘲笑了那种宣扬灵魂不死的宗教信条，认为人脑中产生的表象和概念是由物质的现实派生出来的，人的肉体结构决定他们的精神生活。19世纪德国唯物主义哲学家费尔巴哈指出，自然界是不依赖于人的思维而客观存在的，人本身是自然界的产物，人的感觉是客观世界的映像。

然而，由于受自然科学水平和社会发展条件的限制，特别是受哲学世界观和哲学思维方法的限制，马克思主义以前的旧唯物主义者都没有能够科学地解决意识的起源问题。他们都没有历史发展的观点，没有辩证思维的方法，不了解意识是历史的和社会的产物，从而离开历史的、现实的人的社会性，离开人的社会实践来考察意识，因而不能科学地解决意识的起源问题，从而也就不可能回答意识是什么，不可能彻底驳倒各种唯心主义观点。

意识是自然界长期发展的产物。意识是由低级物质所具有的跟感觉相类似的反应特性发展来的，它的产生是一个长期的复杂的历史过程。

自然科学的发展证明了唯心主义关于意识起源的荒谬性。辩证唯物主义总结自然科学的最新成果，科学地解决了意识的起源问题。辩证唯物主义认为，意识并不像物质那样是这个世界上从来就有的，而是物质世界发展到一定阶段才出现的。地球上曾经有那么几十亿年，没有任何生物，更不存在具有高级神经系统的人类。在那些时候，并不存在所谓的意识现象。

大致说来，意识产生的过程经历了以下几个发展阶段：

——无生命物质的反应特性是人类意识产生的物质基础。一切物质都具有反应（映）能力。无机界没有感觉或意识，只具有物理的和化学的反应。水滴石穿、岩石风化、空谷回音，以及"风吹水面层层浪，雨打沙滩点点坑"，都是无生命物质的反应。这是一种跟感觉相类似的反应特性。但是，它并不是感觉或意识，而只是物体由于外界物体的作用而发生的物理状态或化学状态的改变。

——低等生物的刺激感应性是人类意识产生的生物学前提。无机界长期发展产生了有机物。随着无机物在一定条件下向有机物的转化，随着生命的出现，发生了质的飞跃，产生了低等生物的反映形式，即刺激感应性。低等动物和整个植物界没有神经系统，只能对直接作用于它们的环境具有刺激感应的能力。刺激感应性已经不是单纯的物理反应、化学反应，而是这样一种反应能力：它使机体能够适应变化了的外界条件，使生物机体能保持新陈代谢的正常进行以维持其生存。例如，葵花随着太阳的运行而转动，含羞草碰到外物时收拢自己的叶子，变形虫能逃避不利于它的化学药品。这种刺激感应性虽然还不是感觉，但已经包含了感觉的萌芽。

——意识是在动物的感觉和心理基础上逐步发展起来的。低等动物发展为高等动物，适应愈来愈复杂的生存条件，有机体的各种组织也愈来愈专门化，产生了专门的反映机构，即神经系统。神经系统逐步发展，出现了中枢神经（包括脑和脊髓）和周围的神经系统。中枢神经系统的调节中心就是大脑。有机体通过神经系统和环境发生联系，这种联系的基本形式有两种，即无条件反射和条件反射。无条件反射是某种刺激物直接引起的反射，如食物直接刺激口腔引起唾液分泌，眼睛在强光照射下瞳孔缩小。条件反射则是由某种刺激物的"信号"引起的反射，如喂养的鸡、狗、猫、猪等家禽家畜经过多次重复后，一旦听到主人的信号，就会立即跑来觅食，等等。按照巴甫洛夫（Pavlov，1849—1936年）的学说，无条件反射和条件反射具有初步反映外界或自己内部发生着的那些物质过程的能力，这种能力就是动物的心理或低级的"意识"。

由于高等动物具有条件反射的机能，因而能够从事比较复杂的活动，并可能产生一定的感觉和心理活动。高等动物的心理不仅包括感觉、情感，甚至还可能有简单的分析和判断能力。例如，猴子可以借助木棒获得放在高处的食物，鹦鹉可以简单地模仿人的一些语言，狗在高兴时会摇头摆尾，不高兴时则狂吠不已。有些动物经过人类的特别训练，甚至可以完成某些有一定难度的动作。例如在实验中，黑猩猩经过人们的反复训练，能够像人一样打开水龙头，用水桶拎水去灭火。至于警犬协助警察破案，马戏团的"马做算术""大象唱歌"……也是可能的。

不过，这些高等动物的感觉和心理活动仍然不是意识活动。人们曾经做过这样的试验：把"会灭火"的那只黑猩猩放在湖中的船上，同样点上火，给它一个水桶，让它去灭火。但是，黑猩猩却茫然四顾，不得要领。因为它找不到水龙头，一副束手无策的样子。同样是接受了灭火的任务，把黑猩猩放在船上，为什么黑猩猩面对一大片湖水，却束手无策了呢？原来，黑猩猩并不知道湖水和自来水都可以灭火。黑猩猩只是简单地机械地模仿人而已，其智力活动仍属于高等动物的感觉和心理，仍然称不上意识。或者说，这与人类的意识仍然存在着本质的差别。

——只是在产生了具有高级神经系统、具有人脑的人类以后，才产生了意识现象。意识是高级的反应形式。人类的意识这种精神现象，并不是从来就有的，而只是在约一百万年以前才出现的。

既然黑猩猩和人都属于高等动物，那么，为什么只有人才具有高级的反应形式——意识呢？

这是因为，随着动物界向人类的发展，产生了最复杂、最完善的大脑，这是较之神经系统的出现具有更大意义的质的飞跃。人类的思维活动，不仅借助于人和动物所共有的第一信号系统，即由外界物质刺激直接引起种种条件反射，而且还必须借助于第二信号系统，即由言语引起另一种条件反射。言语作为引起条件反射的信号，正是许多同类物质刺激的概括和标志。它使人的条件反射的广度和深度达到了为一般动物不可企及的高级阶段。人脑在第一信号系统和第二信号系统的基础上进行的思维活动，就是意识。

意识是在动物的感觉和心理基础上发展起来的。不过，在这里，我们需要注意的是，动物的大脑和单纯的动物感觉、心理是不会自发地产生意识的。

那么，是什么神奇的力量使得动物的脑过渡到人脑，动物心理过渡到人的意识呢？

意识是人的社会劳动的产物。

辩证唯物主义有一个重大的发现是社会劳动。

"劳动创造了人本身"，劳动不仅是使猿变成人的决定因素，也是人的意识产生的决定因素。意识是同人和人类社会一起产生的。意识是社会劳动、语言和人脑的必然产物。在这个意义上，我们又说，意识是社会的产物。

人与一般动物不同，人不是简单地适应自然环境，而是要通过社会劳动有意识地变革自然环境，使之适合自己的需要。人的社会劳动同动物活动的根本区别在于制造和使用工具。而在制造和使用工具改造外部世界的劳动中，不仅要求人们认识事物的表面现象，还要有抽象思维这种人类意识的反映形式，以深入地认识事物的本质和规律。

在社会劳动中，一定的思想交流是必要的。如果没有思想交流，就不可能有人们在改造自然斗争中所必需的协调的共同活动。在劳动过程中，由于交流的需要而产生了语言。"这些正在生成中的人，已经达到彼此间不得不说些什么的地步了。需要也就造成了自己的器官：猿类的不发达的喉头，由于音调的抑扬顿挫的不断加多，缓慢地然而肯定无疑地得到改造，而口部的器官也逐渐学会发出一个接一个清晰的音节"[1]，从而就产生了语言。语言是思维的工具。没有语言，人就不可能进行思维。语言的产生使大脑能用词来概括各种感觉材料，表达抽象思维，从而推动了人类意识的发展。可见，劳动和在劳动基础上产生的语言是人脑产生和人类意识形成的主要推动力。

社会劳动不仅是动物心理发展为人的意识的决定力量，而且也是意识发展的决定力量。这是因为，一方面，在劳动和语言的推动下，猿脑变成了人脑，并随着社会劳动的进步而日趋完善，这为意识的产生和发展提供了物质基础。另一方面，社会劳动不断改变着社会物质生活条件，推动着社会向前发展，从而使人的意识的内容日新月异，日益丰富和复杂。

意识现象并不是人的头脑中主观自生的，更不是从来就有的。人类意识不仅是自然界长期发展的产物，而且是社会发展的产物。它随着人类社会的产生而产生，随着人类社会的发展而发展。

如果离开了社会，脱离社会实践，不参加任何社会活动，就没有也不可能有人的意识。这正如马克思、恩格斯指出的："意识一开始就是社会的产物，而且只要人们存在着，它就仍然是这种产物。"[2] 意识的萌芽、产生和发展的历史，有力地证明了意识在先、物质在后的唯心主义观点是荒谬的，也证明了辩证唯物主义关于物质第一性、意识第二性，物质在先、意识在后、物质产生意识的论断是完全正确的。

二、意识是人脑的机能
——"人机大战"说明了什么

1997 年 5 月 11 日，全世界的目光都聚焦在一场"世纪对决"——国际象棋世界冠军卡斯帕罗夫（Kasparov，1963 年— ）与一台名叫"深蓝"（Deep Blue）的 IBM 超级计算机的比赛上。经过六局激动人心的对抗，最终这位号称"人类最聪明的"人，前五局 2.5 比 2.5 打平的情况下，第六盘决胜局中，仅仅走了 19 步，就不得不沮丧地拱手称臣。这位"人类最伟大的"棋手，被一个没有血肉，有的只是冷冰冰的铁和硅等材料的机器怪物打败了！

"深蓝"是 IBM 公司研制的超级电脑，学名"AS/6000SP 大规模多用途并行处理机"，共装有 32 个并行处理器，运行着当时最优秀的商业 UNIX 操作系统——"大 I"的 AIX。它的设计思想着重于如何发挥大规模的并行计算技术，拥有超人的计算能力，每秒能分析 2 亿步棋。"深蓝"贮存着几乎世界上所有的棋谱，甚至可以在下棋过程中因人改变程序，根据棋局及时调整战略战术，表现出一定的智能。

这场激动人心、令人叹为观止的"人机大战"，令向来自傲于自身智慧的最高级灵长类动物——人类，突然感到自己"万物之灵"的地位受到了前所未有的威胁和挑战。人们对自己一手制造出来的机器开始有了惧怕。人类与生俱来、根深蒂固的"失控情结"开始弥漫。人们不断追问：思维是否只是人类的专利？机器究竟能不能思维？什么是意识？电脑有没有意识？如何认识意识与物质的关系？甚至还有人担心，终究有一天，人类将无法驾驭自己所创造的机器，甚至被电脑所统治……

这类忧虑显然不是毫无根据。这也确实是些棘手的问题，一直牵动着人们的思考。

实际上，关于思维、意识的困惑，由来已久。前面已经回答了意识的起源问题，那么什么是意识呢？要回答这个问题，就要搞清楚什么是意识的物质基础。古人曾经以为，心是思维的器官。如中国先秦思想家孟子说："心之官则思。"当然，明朝著名中医药学家李时珍（1518—1593 年）已经纠正了这一错误认识。他说："脑为元神之府。"这实际上肯定了人脑才是思维的器官，是意识的物质承担者。后来在科学的帮助下，人们逐渐证明了：

人的意识是高度发达、高度完善的特殊的物质——人脑的机能或属性。

当然，意识并不是人的头脑主观自生的，更不是从来就有的。自然界先于意识而存在，意识是自然界长期发展的产物，它的产生是一个极其复杂和漫长的历史过程。人的意识的形成是一次巨大的飞跃。意识之所以能够在人脑中产生，与人脑高度发达的组织状况、复杂的结构及其生理过程有密切联系。随着从猿到人的转变，产生了日益复杂、完善的人脑。人脑的重量大，脑与身体的比重也大。人脑的绝对量大大超过其他高等动物的脑量。人脑的脑细胞高度分化，脑组织严密。人脑皮层的沟回深、皱褶多、面积大、神经细胞多。通过内在的生理机制，人脑可以进行以抽象思维为标志的复杂的意识活动。

现代科学证明，人脑包括大脑、间脑、中脑、脑桥、延脑和小脑等部分，它是由大量神经细胞组成的极其精细的神经机构。神经细胞与神经细胞之间，神经细胞与感觉器官的神经末梢之间，共同形成了复杂的神经网络。人脑不同部位的神经细胞各有专职，分工严密。简单的分析、综合和调节行为的职能，由中枢神经系统的低级部分——脊髓、延髓、中脑和间脑来执行，复杂的职能则由大脑皮层（大脑由左右两半球组成，两半球的表面由灰质组成的一层叫大脑皮层）来执行。神经生理学的研究表明，人的大脑左右两半球的功能是不一样的。左半球在语言、逻辑思维、分析能力等方面起决定作用。右半球在对音乐、艺术的理解，对空间和形状的识别，以及对复杂关系的理解能力方面起决定作用。此外，人的精神活动，如感觉、记忆、情绪等都与脑的不同部位的生理活动相联系。如果人脑受到损害，就会阻碍脑生理过程的正常进行，人的意识活动也将受到影响，甚至失去意识机能。

那么，意识活动在人脑中是怎样进行的呢？

巴甫洛夫学说认为，意识活动是通过人的大脑对客观外界刺激的一系列反射活动实现的。人类的意识活动，一方面借助于由刺激物的信号引起的条件反射，即人和动物所共有的第一信号系统，同时还借助于由语言作为信号引起的条件反射，即第二信号系统。作为引起条件反射的信号的语言，是人类特有的，是许多同类刺激物的概括和标志。在第一信号系统基础上产生的反映，是具体的、形象的感性反映；而在第二信号系统基础上产生的反映，则是抽象的、概括的理性反映。人脑在第一信号系统和第二信号系统的基础上进行的精神活动，就是意识。

脑电科学的研究表明，反映活动的过程，就是脑接受外部刺激，传递生物电、处理信息流的生理活动过程。当客观外界的事物和现象作用于人的感觉器官，刺激了感觉神经末梢，就产生了脉冲生物电，脉冲生物电信息沿神经系统传导到人脑，经过信息处理和加工，然后沿着传出神经传到相应的人体器官，于是便产生一定的动作。

人的意识与人脑这一特殊物质是不能分开的，人脑及其生理活动是人的意识活动的物质基础。有些唯物主义者虽然肯定意识是物质的一种属性，但是，他们不知道意识只是高度组织起来的物质——人脑的机能，以为自然界所有物体都有意识。这种错误观点在哲学上叫作"物活论"，给某些宗教和唯心主义留下了地盘。而 19 世纪中叶的庸俗唯物主义者，则把思维过程简单地归结为人脑的生理过程，认为大脑分泌思想，就如同肝脏分泌胆汁、胃分泌胃液、肾脏分泌尿液一样。实际上，**意识是人脑这种特殊物质的属性，但并不是物质本身**。庸俗唯物主义观点却把意识与物质等同起来了，抹煞了物质与意识之间的区别和对立，歪曲了意识与人脑的真正关系。

在科学技术突飞猛进的信息时代，理解意识是人脑的机能，有一个问题需要澄清，即我们开头的故事涉及的问题：电脑、人工智能与人的思维的关系。

20 世纪中叶以来，由于控制论、信息论和电脑等现代科学技术的发展，人们已经能够利用机械、电子的装置模拟人脑的部分思维功能，为人类服务。这就提出了意识是否只是人脑的机能、机器能否思维、机器是否可以代替人类的思维、电脑是否可能统治人类等一系列问题，这些都要求我们给予合理的解释和说明。

要回答这个问题，有必要了解一些关于人工智能和控制论的知识。

控制论是研究各种控制系统的共同特点和规律的科学。它将动物界、人类与机器的某些控制机制加以类比，对一切通讯和控制系统的共同特点进行概括，形成了系统的关于控制的理论。根据控制论的理论，每一个工程自动调节系统都有发讯装置、控制装置、效应装置等。自动调节的正常进行，是通过信息变换过程、利用反馈原理来实现的。反馈就是控制系统把信息输送出去，其作用结果又被返送回来，对信息再输送出去发生影响，起到一定的控制作用。人类神经系统的基本活动方式是反射，它是通过感受器、传入神经、神经中枢、传出神经及效应器几个部分的活动来实现的。这种反射活动具有获取、加工处理和传递信息的能力，都有一系列的反馈。人们根据控制论的基本原理，运用功能模拟的方法，制造出电脑来模拟人脑的部分功能，这就是人工智能。具体来说，就是用输入装置模拟人的感受器官，接受外来信息，用存储器模拟人脑记忆功能，记存外来信息，以供提取；用运算器和控制器模拟人脑的分析、综合、判断、选择、计算等思维功能；用输出设备来模拟人对外界环境的反应，输出计算结果，与外部设备连接并指挥别的机器动作。目前，人类制造出来的智能机，已能用于控制各种复杂的生产流程和从事繁重、危险的作业，还用于计算、解微分方程、证明几何定理、翻译语言、确定物质的化学结构、诊断人的疾病、收集整理资料等方面。

意识是人脑对客观世界的反映过程，是对外界输入的信息不断加工制作的过程。人一旦意识到意识自身，并对意识进行模拟，就会产生"人工智能"。

"人工智能"是人类劳动和智慧发展的重大成果，标志着人类的意识发展到了高级的阶段。同时，也能代替人类完成许多烦琐、重复、单调的脑力劳动，让人类集中精力从事更有意义、更富创造性的活动。不过，有人根据机器可以模拟人的部分思维功能的事实，把人工智能同人的思维相提并论，有人甚至声称，"机器思维将代替人的思维"，"电脑将统治人"，却是没有根据的，是没有经过科学论证的。

人工智能与人的思维之间存在着本质的区别。

例如，人类思维是建立在高度发达的神经系统的基础上的人脑一系列复杂的生理——心理过程，而人工智能只是建立在机械和电子元件结构基础上的一种机械——物理过程。

人类思维与人工智能是两种性质完全不同的物质运动形式。即使结构再复杂的智能机器，也不能成为独立思维的主体，不能同人一样进行自主的思维活动。例如，"深蓝"进行的仅仅是并行操作和线性搜寻，还远远谈不上"智能"，甚至不具备人类的一些简单的思维功能，如不能自我选择和设定价值目标，也不能进行多元的、复杂的价值选择。

再如，意识活动的过程虽然可以在一定程度上部分地形式化、物质化，即把这个过程部分地抽象成为一套数字和符号，编成程序输入计算机，再用类似开关的开和闭、灯泡的亮和灭、电位的高和低等不同方式来表示。但是，这种形式化、物质化的过程是由人来设计和安排的，必须有人的意识参与才能进行。计算机要靠人来掌握，输入信息要靠人来编排，输出结果要靠人去理解。在这里，是人把思维的部分功能交给机器去执行，而不是机器本身能够"思维"。计算机仍然是人的工具，是人的智能的物化，是人脑的延长，就像汽车是人腿的延长一样。

人类思维活动是一种社会现象，具有社会的属性。人造的智能机器根本不能同具有社会属性的人脑相提并论。"深蓝"只是在计算能力上超过了人类——这一点我们从小小的计算器上就早有领教，而不是在智力上、在一切方面都胜过了人类。

特别是，电脑是"人造"的，诸如"深蓝"的胜利，终究不过是人脑的胜利。例如，"深蓝"说到底只是一台复杂的机器，只是一项用来证明人类的智能如何开发和利用的前沿性的科学试验。有人打趣说，如果有一天，它的智慧变得如同脱缰的野马无法驾驭的话，仅仅把它的电源插头拔掉，一切便会万事大吉。更重要的是，人的思维活动是由人的丰富的社会实践决定的，实践是人的认识的基础、前提、内容和动力，电脑永远不会具有人类所具有的丰富多彩的实践源泉。

可见，电脑作为人类的创造物，不可能全面超越人类的智慧。人类有能力设计和制造它，也就有能力、有办法操纵和控制它。所谓机器思维将代替人类思维，甚至机器将统治人类的说法，是完全站不住脚的，可以说是杞人忧天。

三、意识是客观存在在人脑中的反映
——意识的"加工厂"和"原材料"

人脑是意识的器官。但是，有了人脑，并不等于就有了意识。人脑并不是意识的源泉，只有人脑，并不能产生意识。意识的内容并非来自于人脑。人脑如同意识的"加工

厂"，只有"加工厂"而没有"原材料"，是不可能"生产"出任何产品的。

那么，产生意识的"原材料"来自哪里呢？

意识的原材料只能来自客观世界。

我们不妨看看庄子讲述的一则寓言故事：秋天涨水的时候，所有小河里的水都流到黄河里去，黄河水就突然宽阔起来。两岸距离远了，隔着河水，看不清对岸的牛和马。这时，河神高兴极了，以为天下的好处都集中到这里来了。河神顺着河流向东走，到了北海举目东望，竟没有看到海的边缘。这一来，河神才觉得天下之大，自己的想法不对，于是扭头向海神叹道："我以为没有人能比得上自己了，现在看到你是这样的广大和深远，才知道自己不行。如果不到你这里来看看，固守自己的想法，那就糟透了，一定会永远被人笑话的。"海神听了，对河神说："井底下的鱼，不可以和它谈大海，因为它被井的狭窄束缚了；夏天的虫儿，不可以和它们谈冬天和冰，因为它们被时令限制了。"这则寓言故事形象地说明，人的意识依赖于客观的时空环境和条件，不可能脱离客观的时空环境和条件孤立地存在。

意识的内容，就其实质来说，是物质的反映，是包括社会实践在内的客观世界在人脑中的主观映像。

人生活在一定的社会环境中，客观存在通过人的实践活动作用于人脑时，人脑才会形成对客观存在的反映，这才有了意识。这正如马克思、恩格斯所说："观念的东西不外是移入人的头脑并在人的头脑中改造过的物质的东西而已。"[3]离开一定的社会生活环境，客观存在就无法通过社会实践作用于人脑，因而就不会产生意识。离开了客观存在，意识就成了无源之水，无本之木。

在意识产生、发展的过程中，社会实践起着决定性的作用。社会实践，首先是生产实践，不仅创造了人，而且改变和建立了人们的物质生活条件，推动了社会的变迁和发展，从而使人类意识的内容日益丰富起来。如果脱离社会实践，不参加任何社会活动，就不可能形成人的意识。

意识是一个有结构的系统，包括感性的和理性的认识，以及感情、意志等一系列复杂的心理活动形式。从不同的角度，根据不同的标准，我们可以对意识的结构进行不同的分析。例如，从意识的主体看，可以区分为个人意识、群体意识和社会意识；从意识的对象看，可以区分为客体（对象）意识和主体（自我）意识；从意识的自觉程度看，可以区分为潜意识和显意识；而从意识的具体内容看，可以区分为"知"、"情"、"意"三种形式。其中，"知"指人类对世界的知识性与理性的追求，它与认识的内涵是统一的；"情"指情感，是指人类对客观事物的感受和评价；"意"指意志，是指人类追求某种目的和理想时表现出来的自我克制、毅力、信心和顽强不屈等精神状态。"情"、"意"，甚至"知"，都与人和人自身的特点高度关联，具有不同程度的主观性。

意识的形式是主观的，但内容却是客观的，即意识是客观世界的主观映像。

人只有同外部世界打交道，使人的大脑同外部世界发生联系，对一定对象进行加工制作，才会形成关于它们的意识。人脑是意识的客观物质基础，物质世界是意识的源泉。任何意识都包含着客观内容，这些内容又必须通过一定的主观形式表现出来。不能将意识的内容和形式割裂开来，它们之间是统一的，即客观内容和主观形式的统一。

当然，人的意识活动是一种复杂的高级心理活动，不是像平面镜子一样简单、刻板、表面地反映客观事物，而是具有丰富的想象力，具有抽象思维能力，具有神奇的创造力。它不仅能够认识事物的现象，还能够认识事物的本质和规律；不仅能够直接反映客观事物，还能够根据自己的需要浮想联翩，甚至运用大胆的想象进行新颖神奇的创造……意识这个"地球上最美丽的花朵"不管怎么美丽，都要扎根在物质世界的土壤之中，都要从中汲取营养。

即使是在现实世界中并不存在的一些东西，例如，民族记忆中的夸父逐日、女娲补天、精卫填海、愚公移山等神话传说，文学艺术中创作的"孙悟空"、"猪八戒"之类的形象，宗教、迷信中的神灵鬼怪、"天堂"、"地狱"、"每个人心目中的上帝"，也都是人脑对客观存在的反映、想象和创造。举例来说，所谓"三头六臂"，不过是在正常人的身体上，增加两个脑袋、四条手臂而已；观世音菩萨的"千手千眼"，不过是在人的身上，添加了更多的手和眼，使之"法力"更加强大而已。《聊斋志异》的《画皮》篇中，曾经描绘过一个狰狞的鬼怪形象。此鬼"面翠色"、"齿如锯"、"卧如猪嗥"、"身变作浓烟"……这里的"面"、"翠色"、"齿"、"锯"、"卧"、"猪嗥"、"身"、"浓烟"……哪一样不是客观存在的事物和现象呢？所谓的"狞鬼"，无非是将这些狰狞、邪恶的东西，通过人的大脑综合在一起，并经过人脑的再加工、再创造表现出来罢了。

人的意识分为感觉和思维两种形式。

——感觉是意识的初级形式，是客观世界的直接反映。对感觉的承认，也有两种不同的出发点。唯心主义承认感觉，把感觉当作第一性的东西，认为感觉等同于客观世界。唯物主义承认感觉，认为感觉是第二性的东西，是客观世界的反映。就拿苹果来说，人们关于苹果的感觉是对苹果各种特性，如圆、红、甜等苹果形状、色泽、味道的感觉，是苹果在人脑中的直观反映。但苹果本身并不是感觉的"组合"，它是不依赖于人的感觉而独立存在的客观实在物。

——思维则是意识的高级形式，是客观世界的间接反映。思维与感觉不同，感觉给予人的是具体事物的个别特性，思维给予人的是同类事物的一般特性；感觉给予人的是具体的、直观的形象，即事物的现象方面，思维给予人的是事物的整体和本质方面；感觉给予人的是一个一个具体苹果的形状、颜色和味道，告诉人们的是某个具体苹果的形状、颜色和味道，思维给予人的是各种苹果共同的、一般的形状、颜色和味道，告诉人们的是一切苹果所共同的本质特征。当然，思维离不开客观事物，是人们对客观事物一般特征的概括与抽象。

可见，不论是正确的思想，还是错误的思想；不论是人的具体感觉，还是人的抽象思维；不论是人们对现状的感受与描绘，还是人们对过去的思考与总结，以至人们对未来的预测和畅想；无论这一切多么主观、神秘、出人意料，充满了诗人的幻想和创造家的灵感，都不过是人脑对客观事物的一定形式的反映。这正如恩格斯所说："一切观念都来自经验，都是现实的反映——正确或歪曲的反映。"[4]

只有既坚持意识是物质长期发展的产物，是人脑的机能，又坚持意识是人脑对客观物质世界的反映，是客观世界的主观映像，才能真正把握意识的本质，与各种唯心主义思想划清界限。

四、意识是社会意识
——关于"狼孩"的故事

1920 年，在印度一个名叫米德纳波尔的小城，人们常常见到一种"神秘的生物"出没于附近森林，一到晚上，就有两个用四肢走动的"像人的怪物"尾随在三只大狼后面。后来，人们打死了大狼，在狼窝里终于找到了这两个"怪物"：原来是两个裸体的女孩，大的年约七八岁，小的约两岁。人们把她俩送到米德纳波尔的孤儿院去抚养，大的取名卡玛拉，小的取名阿玛拉。第二年，阿玛拉死了，而卡玛拉一直活到 1929 年。这就是曾经轰动一时的"狼孩"故事。

据记载，"狼孩"刚被发现时用四肢行走，慢走时膝盖和手着地，快跑时则手掌、脚掌同时着地。她们总是喜欢单个人活动，白天躲藏起来，夜间潜行。怕火和光，也怕水，不让人们替她们洗澡。不吃素食而要吃肉，吃东西时不用手拿，而是放在地上用牙齿撕开吃。每天午夜到早上 3 点钟，她们像狼似的引颈长嚎。她们没有感情，只知道饥时觅食，饱则休息，很长时期内对别人不主动发生兴趣。不过她们很快学会了向主人要食物和水，如同家犬一样。只是在一年以后，当阿玛拉死的时候，人们看到卡玛拉流了眼泪——两眼各流出一滴泪。

据研究，七八岁的卡玛拉刚被发现时，她只懂得一般六个月婴儿所懂得的事，花了很大力气都不能使她适应人类的生活方式。她两年后才会直立，六年后才艰难地学会独立行走，但快跑时还得四肢并用。到死也未能真正学会讲话：四年内只学会 6 个词，听懂几句简单的话，七年后才学会 45 个词并勉强学会了几句话。在最后的三年中，卡玛拉终于学会在晚上睡觉，也不怕黑暗了。很不幸，就在她开始朝人的方向"进化"时，早早地死去了。据狼孩的喂养者估计，卡玛拉死时已 16 岁左右，不过，她的智力只及一个三四岁的孩子。"狼孩"的故事生动地说明：

人的意识是社会的产物，具有鲜明的社会性，既不可能脱离人类社会生活而孤立地产生，也不可能在与社会隔绝的环境中发展。

毕竟，意识是人脑的机能，而人的本质是"一切社会关系的总和"，不可能不打上人的社会关系的印记；意识是在人类社会生活实践中产生的，这种实践活动本身就是一种社会历史活动，一种依据社会需要产生、发展的活动……因而，任何意识，无论是关于自然的意识，还是关于社会的意识，在本质上都是社会的人的意识，都不能脱离一定的社会环境和条件，都是在一定的社会中产生、发展的，都具有鲜明的社会性。

意识是人的本质特性之一，这是因为意识具有鲜明的社会性。人的意识的社会性与社会意识是有所区别的概念。"狼孩"的故事充分说明意识的社会性，意识是社会的产物，狼孩即使是人不是狼，但脱离了社会，就也不具备人的社会性，没有人的意识。人们在社会生活中，进行各种交往，首先是物质的、经济的、生产的交往，在此基础上形成了精神交往，形成一定的经济和政治组织，开展各种各样、丰富多彩的社会实践活动，逐渐形成社会意识。正因为人的意识具有社会性，所以人的意识是社会意识。

所谓社会意识，是指社会生活的精神方面，是人们的社会精神生活过程，是社会物质生活过程在人们意识中的反映，是与一定社会的经济和政治直接相联系的各种精神生活现象的总称。它是在社会实践中形成的有关社会生活、社会关系等观点、理论的总和，以及表现在人们的社会感情、情绪和风俗习惯等方面的社会心理。

社会意识并不是个人意识的简单的总和，而是某一社会、阶级、集团的意识，并且制约着该社会、阶级、集团成员的意识。某一社会、阶级、集团的社会意识，总是通过各个成员的意识不同程度地表现出来，但是，它不是个别人的特殊生活条件的反映，而是该社会、阶级、集团的物质生产生活条件和社会地位、利益的反映。

人们对社会意识的本质的认识经历了一个过程，只有马克思主义哲学才在人类历史上第一次作了科学的解释。唯心主义者颠倒了意识与存在的关系，也就不能正确理解社会意识的本质和它在社会生活中的作用。旧唯物主义者在自然观上坚持意识是存在的反映，而在社会观上，由于停留在对社会生活的表面现象的观察，只看到人们的行动是受思想支配的，错误地把思想当作社会的存在和发展的基础，结果也颠倒了社会存在和社会意识的关系。透过纷繁复杂的社会历史现象，马克思、恩格斯深刻地指出：

不是人们的社会意识决定人们的社会存在，而是人们的社会存在决定人们的社会意识。社会意识的内容来源于社会存在，是对社会存在的能动反映。

社会意识的内容是由社会存在、社会历史条件决定的。各种各样的社会意识，无论是正确的社会意识，或是歪曲的、虚假的、错误的社会意识，甚至是纯粹出自幻想的社会意识，无论其主观色彩多么浓厚，无论它披上何种神秘的外衣，都是社会存在的反映，都是现实生活的某种反映，都可以从社会物质生活过程中找到它的根源或"原型"。这正如马克思、恩格斯所说:"不是人们的意识决定人们的存在,相反,是人们的社会存在决定人们的意识。""意识在任何时候都只能是被意识到了的存在,而人们的存在就是他们的现实生活过程。"[5]

有什么样的社会存在,就有什么样的社会意识。归根到底,社会意识是人们社会物质生活过程及其条件在观念上的反映,是人们对于自己周围环境、社会关系、社会过程的认识,主要是对物质资料生产方式的反映。一个人具有什么样的社会意识,既由他生活于其中的社会环境所决定,又与他个人所处的社会地位、受到的教育、从事的职业等密切相关。人们所处的社会经济关系不同、社会实践不同,所形成的社会意识就不同。

社会意识对社会存在也具有相对独立性。

——社会意识与社会存在的发展变化存在不完全同步性。社会意识既可能落后于社会存在,也可能会超越社会存在。某一种社会思想和理论,当它赖以存在的物质条件根本改变之后,还可能存在一个相当长的时期,并对社会的发展起着一定的阻碍作用。与此相反,先进的社会意识却能够在一定程度上深刻反映社会存在的现实矛盾,科学地预见社会发展的未来趋向,对于人们的社会实践起着指导和动员的作用。18世纪法国资产阶级杰出的启蒙主义者以特殊的方式预见了资本主义社会的来临。19世纪空想社会主义者对未来共产主义社会的图景已做了某些臆测，虽然带有极大的幻想的性质，但也有一定的合理成分。马克思主义全面地揭示了社会发展的客观规律，对社会发展的前景作了科学的预见。

——社会意识的发展与社会存在的发展之间存在不平衡性。经济上先进的国家，其社会意识不一定是先进的；经济上落后的国家，社会意识也不一定必然落后。例如，18世纪法国在经济上落后于英国，但当时法国的唯物主义哲学却超过了英国；到了19世纪，经济上落后、政治上分裂的德国，又以辩证法哲学超越了法国的机械论哲学，孕育了马克思主义哲学；19世纪末，经济落后的俄国是列宁主义的故乡。之所以出现这种情况，是由于当时产生这些思想的国家内的阶级矛盾特别尖锐，导致它们成为革命的中心：18世纪末法国是欧洲革命的中心，19世纪中叶革命中心转移到了德国，19世纪末革命中心又转移到了俄国。

——社会意识的独立性是在由社会存在决定的前提下的相对独立性，是有条件的，归根到底是由社会的物质基础和条件决定的。先进的社会意识不可能凭空产生，只有在社会发展达到一定程度时，才可能产生；它对未来社会的发展只能描绘出大概的轨迹，而不可能详尽预见具体的细节。例如，德国、俄国等经济相对落后的国家，在特定条件下之所以能够出现先进的思想意识，仍然是以经济发展达到一定的水平为前提的。如果当时资本主义经济的发展没有达到一定的水平，没有在一定程度上成长了的无产阶级，那么马克思主义和列宁主义的产生也是不可能的。另一方面，落后的社会意识不可能在它的物质基础消灭之后长久地存在。如果社会环境和条件发生了实质性变化，社会意识或迟或早也会发生相应的变化。

在阶级社会中，人们的社会意识在不同程度上带有阶级性。经济上占统治地位的阶级，在社会意识中也必然占统治地位。

当社会分裂为阶级时，人们的社会存在，就是他们的阶级存在。在阶级社会中，不同的阶级由于所处的社会经济地位、所处的社会关系不同，由于阶级地位和阶级利益的不同，决定了他们的社会意识不同，甚至根本相反。不同的阶级意识，实际上是不同的阶级对自身的经济利益和社会经济关系的反映。

即使在同一阶级、同一人群共同体当中，人们的意识也经常存在着一定的差异。这是因为，人们的意识在反映一定的客观对象时，与他所处的地位有关，同时又要受到他所处的环境的影响，所以，对同一个客观对象，人们的意识是不同的。

社会意识在人类社会的发展中具有历史性。

社会存在的变化发展决定社会意识的变化发展。由于社会总是处于不断的变化和发展中，因此与之密切相联系的社会意识，也必然要相应地变化和发展。每一个社会都有与其相应的社会意识。随着社会物质生活条件、人们的社会关系的变化，人们的社会意识也会发生或早或迟、或快或慢、或大或小的变化，从而表现出时代性、历史性特征。

社会生产在不断发展，整个社会也在不断进步。与此相适应，社会意识的内容和形式也在不断更新。在原始社会，生产力水平极其低下，没有私有制，生产资料和产品都归原始公社全体成员所有，人们共同生产，平均分配劳动产品，每个人都完全依赖于集体。当时人们的这种生活状况，不可能产生私有观念，而只能有朴素的、原始的集体观念。在原始社会的一定时期，杀死没有劳动能力的老人和战争俘虏，是合乎道德的。因为当时劳动产品极其有限，没有劳动能力的老人和战争俘虏成了氏族和部落的巨大负担，如果不杀死他们，就会危及其他人甚至整个部落的生存。然而，如果今天依然这样做，那就是惨无人道的行为，要受到舆论的谴责和法律的制裁。

随着原始公社的解体，原始的公有制被私有制所代替，社会分裂为阶级，朴素的、原始的集体观念也就被私有观念所代替，出现了剥削阶级和被剥削阶级的意识的对立。同是私有制社会，在奴隶社会、封建社会和资本主义社会里，社会意识也很不相同。

伴随着生产力的发展，特别是大工业的出现，无产阶级作为独立的政治力量登上历史舞台，于是，产生了无产阶级的意识形态——共产主义。它是无产阶级的阶级意识，是无产阶级的阶级地位、历史要求和生存状况的反映。它科学地反映了客观世界和历史发展的规律，是有史以来最先进的社会意识。随着社会主义革命的彻底胜利，私有制和剥削制度的彻底消灭，在公有制经济高度发展的基础上，经过长期的宣传和教育，它将逐渐发展成为全人类共同的社会意识。

社会意识是在一定历史条件下产生的，同时又受到一定历史条件的制约。社会意识是历史的、具体的现象，从来不存在什么抽象的、超历史的、永恒不变的社会意识。社会意识变化的原因，归根到底要到物质生产方式的变化中去寻找。时代的变迁，社会形态的更替，决定着观念的转变和新的社会意识的形成。

五、意识具有能动作用

—— "大众哲人"艾思奇与《大众哲学》

1936 年，年仅 26 岁的艾思奇以《哲学讲话》即《大众哲学》而闻名遐迩。据不完全统计，新中国成立前后《大众哲学》共出了 50 多版。《大众哲学》一问世，就十分引人注目，特别是在广大青年知识分子中发挥了非同寻常的巨大的唤醒作用。在黑暗的旧中国，许多追求进步的年轻人在苦闷彷徨中读到此书，看到了希望，振奋了精神。他们中间不少人由于阅读此书而走上了革命的道路。北京大学已故著名哲学教授黄楠森（1921—2013 年）曾经回忆说："我初读这本书至今已有 40 多年了，但它使我茅塞顿开，豁然开朗的情景犹历历如在目前。"[6] 另一位当年的青年读者后来给艾思奇写信说，20 世纪 30 年代，他正是一个满怀热情的青年，由于国家满目疮痍，民族处于危急，个人出路渺茫，精神上极端迷茫、苦闷、悲观，曾想自杀了此一生。一个偶然的机会，读了《大众哲学》，精神为之一振，仿佛在黑暗中看见了曙光，觉悟到国家民族、个人的前途，要靠自己奋起斗争。于是，他毅然投身到革命的行列。已故全国政协原副主席费孝通（1910—2005 年）当时在文章中这样表达自己的心情: "今天我们才见到了太阳, 这样光明。" "我从此看出来的人都不同了, 面目可亲了。我们参加了队伍, 有了伙伴。" [8] 这是通过《大众哲学》接受了马克思主义, 在宇宙观、人生观方面发生变化才会有的感觉和体验。

《大众哲学》形象而又深刻地诠注了思想理论、精神文化的巨大威力, 说明了**人的思维、意识在认识世界和改造世界中所具有巨大的能动作用。具体而言, 人的意识奇妙而丰富多彩, 具有多方面的功能和作用。**

——人的意识能够反映外部世界, 得到真理性的认识。意识不仅能够反映事物的外部现象, 而且能够通过抽象思维对外部世界传来的信息进行加工, 了解事物之间的联系和关系, 把握事物的本质及其规律性。

——在反映的基础上, 意识具有预见的作用。意识不仅能够"复制"当前的对象, 而且能够追溯过去, 预测未来。科学理论揭示了现实生活中各个领域的客观规律性, 人们就能够把握事物的发展趋势, 预见未来的进程。人们通过认识、预见, 就能够判定事物及其发展进程"是什么和不是什么"。

——在反映、预见的基础上, 意识起着确定目的、目标和任务的作用。人们认识世界是为了改变世界。而要改变世界, 就要事先制定"蓝图", 确定"要做什么和不要做什么"。

确定目的、目标和任务，是任何一种有意识的行为所需具备的条件。它适用于个人的有意识的行为，也适用于社会集团、组织或整个社会的活动。在社会生活发展过程中，根据现实的条件和需要，人们必须确定不同发展阶段的目的、目标。例如，为了实现共产主义这个最终目的，就要根据社会发展的规律和主客观条件，确定不同发展阶段上的具体目标和任务。例如，在我国社会主义初级阶段，就是要解放和发展生产力，实现共同富裕，努力实现把我国建设成为富强、民主、文明、和谐的社会主义现代化国家的宏伟目标。

——在反映、预见和确定目的的基础上，意识还起着指导人们制定行动路线、计划，选择较优方案、方法等作用。这是实现一定目标的必要保证。没有这种保证，目标再好，也不过是一种良好愿望或"空中楼阁"而已。在这里，意识起着规定"应该怎样做"、"不应该怎样做"的作用。

人们在实践中认识了外部世界及其规律性，确定了目的和行动方案之后，就进入了改变世界的行动过程。在这类价值活动中，意识的作用更是丰富多样，至关重要。

——在实现目的、目标的过程中，意识通过意志、信念和情感等形式，对人们的行动起着指导、调节与控制的作用。意志、情感等是人们决定达到某种目的而产生的心理状态，是人的内部意识向外部动作转化的过程。意志对行动的控制和调节作用，或表现为推动、激励人们采取必需的行动来实现预定的目的，或表现为制止、阻碍那些不符合预定目的的行动发生。"人是要有点精神的"，在宏伟壮丽而又充满艰难险阻的社会主义事业中，没有百折不挠的坚强意志，没有对未来无比坚定的信念，没有为实现理想而奋斗的高度的革命热情，是不可能克服各种困难，将社会主义事业进行到底的。

——**在实践过程中，意识还具有规范和调整社会成员的关系和行动的作用。** 人是社会的动物，意识把社会、阶级、集团的利益、要求等规定为行动规范，制约人们的行动。没有这种规范的作用，行动不统一，就无法达到预定的目的。马克思主义的一个基本原则，就是要使群众认识自己的利益，并且为实现自己的利益而团结战斗。毛泽东说："群众知道了真理，有了共同的目的，就会齐心来做。……群众齐心了，一切事情就好办了。"[8]

人的意识活动是一个能动的创造性过程。意识的能动性不仅在于能动地反映现实，把握物质世界的本质和规律，更重要的在于运用这些认识，能动地指导实践，有计划、有目的地改造客观世界，创造美好的价值世界。自有人类以来，人们运用自己的思维和意识能力，在自己活动所及的范围内，到处给自然界打上人类意志的"印记"，使周围的自然界成了"人化"的自然界，有意识地创造出一个"为人的"和"人为的""理想世界"。

在具体的历史的社会生活中，意识的多方面的能动作用是相互联系、相互影响和相互制约的。它们调整着全部复杂的社会生活进程，成为指导实践、改造客观世界的强大力量，反作用于物质发展过程。

意识的能动作用，一般说来具有两种不同性质：一种是促进事物的发展，一种是阻碍事物的发展。

只有符合客观实际的意识，才能正确地指导人们的行动，促进事物的发展。不符合客观实际的意识，终归会把人们的行动引向错误的道路，从而阻碍事物的发展。毛泽东指出："一切根据和符合于客观事实的思想是正确的思想，一切根据于正确思想的做或行动是正确的行动。我们必须发扬这样的思想和行动，必须发扬这种自觉的能动性。"[9]

坚持辩证唯物主义的意识论，就要将物质对意识的决定作用与意识在认识世界和改造世界中的能动的反作用统一起来，反对在意识的能动作用问题上的两种片面的观点：

一是形而上学机械论。这种观点承认物质决定意识，但是，把意识看作只是外部世界的消极反映，不承认意识的能动作用。这是一种否定自觉能动性的消极无为的懦夫、懒汉世界观。如果任其在群众中蔓延，必将泯灭广大群众的革命意志和斗志，成为社会主义革命和建设的消解力量。

一是唯心主义的"精神万能论"、"唯意志论"。这种观点抽象地发展了意识的能动方面，把它说成是脱离物质、决定物质，甚至能够创造一切的东西，表现为"精神万能论"、"唯意志论"等。这种片面夸大意识能动作用的观点，曾经让我们吃过很多的苦头，付出过惨痛的代价。无论意识的能动作用有多大，都不能脱离物质条件和环境的制约。离开了对物质世界的正确反映，缺乏必要的物质条件，脱离群众的社会实践，意识不仅不可能发挥积极的能动作用，而且会导致失败，让人们付出不必要的代价。

六、坚持主流意识形态的引领作用
——福山的"意识形态终结论"

20 世纪 80 年代末 90 年代初，苏联及东欧的南斯拉夫、罗马尼亚、波兰、捷克斯洛伐克等国家发生惊天巨变，令世界格局发生了天翻地覆的变化：苏东各国执政几十年的工人阶级政党丧失政权，推行几十年的社会主义制度改变性质，被资本主义制度所代替。苏联、南斯拉夫、捷克斯洛伐克三国四分五裂，作为独立主权的国家已经不复存在。民主德国与联邦德国合二为一，实际上被联邦德国吞并了。这一历史事件，史称"苏东剧变"。

冷战的硝烟尚未散尽，1992年，美国学者福山（Fukuyama，1952年—　）就迫不及待地出版了《历史的终结和最后的人》一书，抛出了所谓的"历史终结论"。福山宣称：自由与民主的理念已无可匹敌，历史的演进过程已走向完成。福山以西方社会新福音的传送者身份向世人宣告：目前的世界形势不只是冷战的结束，也是意识形态进化的终点。西方的自由、民主已是人类政治的最佳选择，也是最后的形式。于是，意识形态终结论思潮再度以历史终结论的话语形式粉墨登场，福山也因此备受追捧，名声大噪。一些敌视社会主义的人，陶醉于国际共产主义运动遭受重大挫折的喜悦，和着福山的调门尽情地叫嚣："马克思主义死了！""共产主义死了！""资本主义万岁！"

然而，意识形态真的可能"终结"吗？真的可能退出历史舞台、不再发生作用了吗？

有些资产阶级思想家曾经断言，既然马克思主义否认各种思想有离开社会经济的独立的历史发展，那么，也就否认它们对历史有任何影响。这是一种歪曲。马克思、恩格斯同这种歪曲进行了坚决的斗争。恩格斯明确指出："政治、法、哲学、宗教、文学、艺术等等的发展是以经济发展为基础的。但是，它们又都互相作用并对经济基础发生作用。"[10]
这是对社会存在和社会意识的关系所作的唯物的、辩证的说明。恩格斯还进一步指出，如果把原因和结果割裂开来，看作永恒对立的两极，势必忽略它们的相互作用，也就看不到，当一种历史因素一旦被其他的，归根到底是经济的原因造成的时候，它也影响周围环境，甚至能够对产生它的原因发生反作用。物质生活条件是原始的起因，但这并不排斥思想领域也反过来对物质条件起作用，虽然这是第二性的作用。历史唯物主义反对唯心主义把意识看成是社会生活的基础，但是它承认社会物质生活过程是不能离开社会意识的作用而实现的，也就是说，只有借助和发挥社会意识的作用，才能推进人类的物质生活，才能实现社会的有规律的发展，解决政治、经济生活提出的历史课题。

当然，社会意识的形式和种类很多，内容也千差万别。不同的社会意识，因其内容和形式的巨大差异，其作用也是不尽相同的。意识与意识形态，是既相一致，又有一定区别的两个概念。意识包括意识形态，但不完全等于意识形态，意识中属于观念上层建筑领域的哲学、经济、政治、文化、宗教等思想观点则为意识形态。所以，意识形态（属于上层建筑的社会意识）与非意识形态（非上层建筑的社会意识）、主流意识形态与非主流意识形态的作用，就明显地大不相同。

所谓意识形态，是系统地、自觉地、直接地反映社会经济形态和政治制度的思想体系，是社会意识诸形式中构成观念上层建筑的部分。在阶级社会里，意识形态具有鲜明的阶级性，集中体现一定阶级的利益和要求，为一定阶级服务。

一般说来，代表先进的阶级利益的意识形态对社会的发展起促进作用，代表反动阶级利益的意识形态对社会的发展起阻碍作用。例如，合理的、先进的意识形态，对社会发展具有引导、促进作用。因为它能比较正确地反映社会发展的客观要求，是先进阶级、先进社会势力的精神武器。它一旦掌握了群众，就能发挥巨大的动员、组织和改造的作用，团结、教育人民群众，反对腐朽的社会势力，转化成推动社会前进的强大的物质力量。正因为这样，新的、先进的思想理论能够成为社会革命的前导。恩格斯指出："正像在 18 世纪的法国一样，在 19 世纪的德国，哲学革命也作了政治变革的前导。"[11]

与先进的社会意识形态相反，不合理的、反动的社会意识形态同历史发展规律背道而驰，它反映着反动阶级和腐朽制度的要求，歪曲现实，散布各种要求劳动人民安于受压迫、受剥削地位的反动说教，因而起着阻碍社会发展的作用。一般而言，反动的思想、理论不可能长期蒙蔽人民群众，阻挡先进的思想、理论的伟大解放作用，它最终必将被先进的思想、理论战胜，必将随着旧制度的消灭而逐步归于灭亡。

每一社会的意识形态都是复杂的，往往同时存在三种不同的体系：反映该社会占统治地位的经济制度和政治制度并为其服务的占统治地位的意识形态；反映已被消灭的旧经济制度和政治制度的意识形态残余；反映现存社会里孕育着的新社会因素并为建立新的经济制度和政治制度服务的新的意识形态。

在每一社会中，统治阶级的意识形态，都是占统治地位的意识形态，它集中反映该社会的经济基础，表现出该社会的思想特征。

统治阶级的思想和被统治阶级的思想是对立的。在经济上和政治上居于统治地位的阶级，在思想上、精神上也必然居于统治地位，而被统治阶级的思想则处于被压抑的地位。马克思、恩格斯指出："统治阶级的思想在每一时代都是占统治地位的思想。这就是说，一个阶级是社会上占统治地位的物质力量，同时也是社会上占统治地位的精神力量。支配着物质生产资料的阶级，同时也支配着精神生产资料，因此，那些没有精神生产资料的人的思想，一般地是隶属于这个阶级的。"[12] 不同意识形态之间的相互斗争，构成阶级斗争的一个重要内容。特别是在社会形态更迭时期，新旧意识形态之间的较量和斗争尤其激烈。

判断一种社会意识形态对社会发展究竟起什么作用，是促进还是阻碍社会的发展，以及它们的作用大小，往往是十分复杂的。归根到底，这取决于它们反映社会发展规律的正确程度，取决于它所服务的经济基础的性质，也就是说，取决于它所反映的是社会先进生产力的要求，还是社会落后生产力的要求；是社会先进势力的要求，还是社会落后势力的要求。

马克思主义以前的先进阶级的社会意识形态，例如资产阶级革命时期的资产阶级意识形态，由于受到狭隘的阶级眼界的限制，都只能在一定限度内反映当代历史发展的前进趋势，不能全面认识社会运动的客观过程及其规律性，不可能成为广大劳动群众争取彻底解放的精神武器。例如，18世纪法国资产阶级思想家曾经打着"自由、平等、博爱"的旗帜反对封建主义，他们认为这种思想是全民的思想，他们自认为是全人类利益的捍卫者。这些口号在当时的确曾经起过动员群众摧毁封建制度的进步作用。但是，资产阶级革命胜利后的现实表明，"自由、平等、博爱"在私有制条件下根本不可能实现，它所要求和实现的，实质上是剥削和竞争的自由，是虚伪的形式上的平等，是掩盖人与人之间冷冰冰的纯粹金钱关系和相互倾轧。**意识形态超阶级、无党性的说法，正是资产阶级党性的表现，是资产阶级在劳动人民面前掩盖其意识形态的阶级本性的需要。**至于帝国主义时期的资产阶级早已成为反动的社会势力，它们和劳动人民之间的利益矛盾和冲突日益尖锐化。它们的思想代言人所说的"超阶级"的意识形态，只不过是与人民为敌的反动意识形态，是为维护他们的利益和统治服务的。

工人阶级意识形态与一切剥削阶级的意识形态存在根本区别。它是在资本主义条件下，适应社会发展和无产阶级革命斗争的客观需要而产生的。它不是以私有制为基础，而是以公有制为基础的，代表工人阶级的利益和要求。它公然声明自己的意识形态是有阶级性、党性的，是工人阶级根本利益的表现。它正确地反映了社会发展规律，能够掌握最广大的人民群众，最广泛、最深入地动员人民群众，成为工人阶级和广大劳动人民推翻资本主义、建设社会主义的伟大精神武器。由于无产阶级的利益同社会发展的方向完全一致，同广大劳动人民的根本利益一致，因而它是人类历史上最科学、最进步的意识形态。

在推翻资本主义的斗争中，工人阶级意识形态的根本作用在于，使工人阶级从"自在的阶级"变成"自为的阶级"，把自发的斗争提高到自觉的斗争，使他们认识到自己的历史使命，推翻旧世界，创造新世界。

在以生产资料公有制为主要基础的社会主义社会，工人阶级和广大劳动人民得到了解放，成了新社会的主人。同工人阶级和其他劳动人民社会地位的变化相适应，工人阶级意识形态也改变了在旧社会的被压抑、被排斥的地位，成了社会主义社会的占统治地位的思想。国家可以根据反映客观规律的马克思主义理论进行有计划的指导，而广大人民群众在社会主义意识形态的指导下，将不断提高社会主义觉悟，以主人翁姿态进行自觉的创造性劳动，建设社会主义家园。

社会意识作为人们在精神生产中获得的精神文化成果，对社会存在的反作用有其特殊的方式。即是说，社会意识（包括意识形态）对社会存在的能动作用，往往要通过"文化"、通过人们的精神文化活动等来实现。

文化是人类具体的历史的生活实践活动的产物。人类在生活实践活动中改造了自然界，改造了社会，形成了包括意识形态在内的文化。文化作为人们的社会实践活动的产物，反过来又培养和塑造人，改变和塑造社会。文化的要义，在于"人化"和"化人"的统一："人化"是指人以自己的活动，按人的方式改造整个世界，使相关的一切打上人文印迹，烙上人文性质；"化人"则意味着反过来，用这些改造世界的人文成果武装人、提升人、造就人，使人获得更全面、更自由的发展，日益成为"人"。

包括意识形态在内的文化是一种"软实力"，它对人们的影响是无形的、潜移默化的。在全球化、信息化背景下，在中国特色社会主义建设中，在中华民族和平发展的过程中，我们要注意传承和发扬人类创造的一切优秀文化成果，通过"百花齐放、百家争鸣"，繁荣和发展我国社会主义先进文化，满足人民群众日益增长的精神文化需求；要提升社会主义文化软实力，通过思想斗争，通过说理，解决矛盾，促使先进的社会意识战胜落后的社会意识，在斗争中不断扩大和巩固工人阶级的思想阵地；要将社会主义先进文化和主流意识形态，通过无形的、潜移默化的方式，团结和教育人民，提高人民的思想道德素质，培养和塑造社会主义新人，建设一个充满生机和活力的社会主义新中国。

根据以上的讨论，站在唯物史观的立场上，回头再来审视福山的意识形态终结论，那么，我们会发现，它既是别有用心的，又是完全站不住脚的。

例如，福山认为，资本主义自由民主的意识形态已经取得了对一切意识形态的胜利，尤其是在与社会主义意识形态的斗争中取得了彻底的胜利，因此，威胁美国和西方生存的意识形态已经终结了，自由民主的意识形态可以傲视全球、高枕无忧了。这种将西方自由民主制度视为人类意识形态进化之终点的观点是缺乏根据的，是经不起推敲的。因为福山也承认，自由民主的发展不是一条平坦的直线，历史上出现过许多曲折。照此类推，社会主义意识形态在目前遇到的挫折，怎么就一定是"最后的失败"呢？苏联、东欧社会主义模式的崩溃，仅仅是一种社会主义探索的失败，只是社会主义在实践摸索进程中的挫折，又怎么能说是马克思主义和社会主义本身的失败呢？西方自由民主意识形态暂时得势了，又怎能说消除了它的局限性了呢？又怎能保证它在未来不会再次出现曲折，甚至走向毁灭呢？邓小平精辟地指出："社会主义经历一个长过程发展后必然代替资本主义。这是社会历史发展不可逆转的总趋势，但道路是曲折的。资本主义代替封建主义的几百年间，发生过多少次王朝复辟？所以，从一定意义上说，某种暂时复辟也是难以完全避免的规律性现象。一些国家出现严重曲折，社会主义好像被削弱了，但人民经受锻炼，从中吸取教训，将促使社会主义向着更加健康的方向发展。因此，不要惊慌失措，不要认为马克思主义就消失了，没用了，失败了。哪有这回事！"[13]

实际上，历史发展是否有"最终目的"，历史过程是否有终结点，本身就十分值得怀疑。福山将西方资本主义的自由民主理念和制度作为意识形态的终结点，实质是反马克思主义情结的时代表达，是新自由主义主导的全球化进程中，西方资本主义宣扬其自身意识形态永恒性、普适性的策略与文本。透过其貌似客观、"中立"的话语，我们看到的却是其根深蒂固的意识形态情结。别有用心地宣称意识形态终结，本身就是赤裸裸的意识形态！这一论调所反映的，是资本主义的意识形态诉求，是资产阶级的"西方中心论"的思想倾向，是一脉相承的资本主义"冷战思维"。

我国是一个坚持以马克思主义为指导的社会主义国家，也是世界上最大的发展中国家，是一个正在为实现现代化而励精图治的社会主义国家。这种独特的现实境遇决定了，面对福山式的论调，我们必须保持应有的警惕，必须拿出独特的睿智。在全球范围的思想文化和意识形态的碰撞与冲突中，既要坚持马克思主义在意识形态领域的指导地位，又要尊重多元文化与意识形态并存的客观现实；同时还要看到，我国出现的"意识形态中立论""意识形态虚无论""意识形态淡化论"等奇谈怪论，都是福山式论调在国内的"知音"。面对各种各样的错误论调，任何盲目的肯定，任何武断的否定，都是思想上的懒汉，都会从根本上危及我国的意识形态安全，危及我国欣欣向荣的社会主义事业，阻碍中华民族的伟大复兴进程。

结　语

意识是物质世界发展到一定阶段的产物，是人所特有的精神活动。意识是高度发达的物质——人脑的机能，是客观世界在人脑中的主观映像。意识具有社会性，归根结底是一种社会意识，同时它又具有自身的相对独立性和能动的反作用。当今世界意识形态的斗争十分尖锐，要不断提高对各种新情况、新问题、新变化的应对能力，进一步确立社会主义意识形态的主导地位，建设社会主义先进文化，更好地发挥其引导、凝聚和调控等导向功能，增强社会主义主流意识形态的吸引力、影响力和感召力，团结和凝聚广大人民的意志，为中国特色社会主义服务。

注　释

1　《马克思恩格斯文集》第 9 卷，人民出版社 2009 年版，第 553 页。

2　《马克思恩格斯文集》第 1 卷，人民出版社 2009 年版，第 533 页。

3　《马克思恩格斯文集》第 5 卷，人民出版社 2009 年版，第 22 页。

4　《马克思恩格斯全集》第 20 卷，人民出版社 1971 年版，第 661 页。

5　《马克思恩格斯文集》第 2 卷，人民出版社 2009 年版，第 591 页。

6　黄楠森:《哲学通俗化的榜样》，载《马克思主义哲学家艾思奇》，中共中央党校出版社 1987 年版，第 382 页。

7　费孝通:《思想战线的一角》，载于《学习》第一卷第 2 期。

8　《毛泽东选集》第四卷，人民出版社 1991 年版，第 1318 页。

9　《毛泽东选集》第二卷，人民出版社 1991 年版，第 477 页。

10　《马克思恩格斯文集》第 10 卷，人民出版社 2009 年版，第 668 页。

11　《马克思恩格斯文集》第 4 卷，人民出版社 2009 年版，第 267 页。

12　《马克思恩格斯文集》第 1 卷，人民出版社 2009 年版，第 550 页。

13　《邓小平文选》第三卷，人民出版社 1993 年版，第 382—383 页。

实现人与自然的和谐发展

——自然观

马克思主义自然观从人的具体的、历史的实践活动出发把握人与自然的关系，通过对隐藏在人与自然关系背后的人与人的关系的把握和调整，去现实地寻求人与自然关系的和解。

马克思主义自然观是马克思主义关于自然以及人与自然关系的总的看法。作为马克思主义哲学的重要组成部分，它坚持从唯物主义物质观的基本立场出发，以自然科学发展的最新成果为基础，强调从世界统一于物质的基本原则出发，从人的具体的、历史的实践活动出发，去把握自然以及人与自然关系的本质，从而超越了以往历史上任何形式的自然观，实现了对自然界本来面目的唯物的、辩证的、科学的理解。当今，面对人口膨胀、资源紧张、生态危机、环境污染和气候变暖等"全球困境"，坚持和发展马克思主义自然观，有助于正确认识自然以及人与自然的关系，有助于化解人与自然的深刻矛盾，努力追求和实现人与自然的和谐发展。

一、自然观问题的重新提出
——"美丽的香格里拉"

"太阳最早照耀的地方，是东方的建塘；人间最殊胜的地方，是奶子河畔的香格里拉。"20 世纪 30 年代，英国著名畅销书作家希尔顿（Hilton，1900—1954 年）发表了小说《消失的地平线》，正是这部小说，使得"香格里拉"从此响彻了全世界。在小说的描写中，神秘的香格里拉雪山环抱、风清月朗，世居于此的人们以"任沧海横流、我只取一瓢饮"的"适度"哲学为"万世法"，在与大自然的和谐相处中过着充实而富有活力的生活。

《消失的地平线》发表后，旋即获得霍桑登文学奖。1944 年，好莱坞投资 250 万美元将小说搬上银幕，电影的主题歌《这美丽的香格里拉》，在第二次世界大战的炮火硝烟中更是传遍了全球。《不列颠文学词典》称，该书最大的功绩，是为英语世界创造了一个能够表达"世外桃源"的词汇，这就是"香格里拉"。

"香格里拉"当然是小说的隐喻。但由于作者希尔顿在小说中说"香格里拉"就在中国云南的藏区，因此，后世的人们便不免按此索骥，结果真的在中国云南的迪庆藏族自治州发现了现实的"香格里拉"。

早在《后汉书》的记载中，"雪山为城，江河为池"就是迪庆高原在地理上的千古形象。今天，站在高山之巅极目远眺，可以明显地看到，位于金沙江湾以北的迪庆州以其首府中甸（其意为"牦牛草原"，现已正式更名为"香格里拉"）为核心，形成了一个倒金字塔形：江河从这个倒金字塔形的中间穿过，梅里雪山、哈巴雪山、白茫雪山和巴拉根宗雪山则是分处其中的一座座美妙绝伦的冰雪金字塔，辉煌安详、庄严肃穆，与江河日月同辉；中甸草原、纳帕海草原、迪吉草原，仿佛雪山谷地鲜花碧草织就的地毯，这巨大的地毯又被奶子河、纳赤河分成莲花状，人走在这个美丽的地毯上，顿时有步步生莲之感。

这个被称为桃源仙境的地方，不仅仅有"风清月朗，连天芳昔，满缀黄花"的美景。这里的森林覆盖率是全国平均数的 6 倍，几乎达到 90％，如此的生态数据已经够让人惊奇的了，但更为人们所称道的，却是世世代代居住在这里的人民独特的自然观念和生活方式：崇拜自然、敬畏自然，勤俭朴实、不尚虚华，对大自然没有过多的非分之想。正是由于这种代代相传相续的自然观念和生活方式，才让香格里拉人为现代文明保存了一方净土。

在战火纷飞的岁月中，小说家之所以要虚构一个"香格里拉"，无疑是要表达一种对于世界和平的无尽渴望。然而今天，当世界各地的人们蜂拥而至香格里拉时，"这美丽的香格里拉"所承载的，显然又多了另一份情怀，那就是对一个能够远离现代文明洪流冲刷的世外桃源的深深期盼。然而，远行的人们驾驶着大车小车欢快地驶向杜鹃花盛开的牧场草甸，当形形色色的摄影家们扛着各式各样的"长枪短炮"醉心于明净如画的雪山圣湖时，我们可曾想到：这川流不息地涌向香格里拉的人潮车流，到底会给它带去什么样的命运？

无独有偶，就在希尔顿发表《消失的地平线》以后将近三十年，美国海洋生物学家卡逊（Carson，1907—1964 年）在 1962 年出版了《寂静的春天》一书，书中向我们讲述了又一个小镇的故事。然而，在卡逊的描绘中，这个小镇却有着和香格里拉完全不同的另一种命运：

这是美国中部的一个小镇，它坐落在一派繁荣的农场中央，周围是庄稼地，小山下果树成林，这里的一切生物都同其周围的环境相处得非常和谐，也正因为如此，从前的小镇是美丽的：春天，繁花点缀在绿色的原野上；夏天和秋天，橡树、枫树和白桦树透过松林的屏风散射出火焰般的彩色光辉；冬天，道路两旁也是美丽的，无数的小鸟飞来，洁净清凉的小溪从山谷中流出，灌溉着生活着鲑鱼的绿茵池塘。

　　小镇一直都是这个样子。直到有一天，第一批居民们来到这里修建房舍、挖井筑仓，情况就开始发生变化。从那时起，一个奇怪的阴影开始笼罩了这个地区，不祥的征兆降临到村落里：神秘莫测的疾病袭击了成群的小鸡，牛羊纷纷病倒和死亡，农夫们诉说着他们多病的家庭，医生们则为病人中出现的怪病感到困惑不解。

　　于是很快，一种奇怪的寂静笼罩了这个地方：园中觅食的鸟儿不见了，曾经荡漾着鸽子、乌鸦和鹪鹩的合唱以及其他鸟鸣的声浪的早晨，现在一点声音都没有了；曾经是多么吸引人的小路的两旁，现在排列着的仿佛是火灾浩劫后的焦黄枯萎的植物；甚至小溪也失去了往日的生命和喧闹，因为所有的鱼也已经死亡，只有一片寂静覆盖着田野、树林和沼泽地。小镇已经被生命所抛弃，留下来的只是一个寂静的春天，无声无息。

　　如同希尔顿所描写的"香格里拉"一样，卡逊的小镇也是一种虚构。然而，正如她在书中所指出的：这样的小镇以及发生在它身上的故事，人们很容易就能在生活中，在美国以及世界其他地方找到它现实的版本；小镇的故事虽然只是一个假设，却是"明天的寓言"。她在书中更是大胆预言："在人们的忽视中，一个狰狞的幽灵已向我们袭来，这个想象中的悲剧可能会很容易地变成一个我们大家都将知道的活

139

生生的现实。"[1]

五十多年过去了，就在"美丽的香格里拉"成为人们趋之若鹜的人间天堂的同时，卡逊的预言却不幸成为了现实。

第二次世界大战结束以后，人类社会的发展进入了一个相对稳定的时期。一方面，开足马力发展经济，成为世界各国的共同选择；另一方面，科学技术的突飞猛进，也让人们在和自然打交道时具备了无比强大的信心和能力。然而，在这场人类历史上盛况空前的"发展竞赛"中，由于发达资本主义社会所主导的经济增长模式和财富分配模式的全球扩张，不仅进一步拉大了发达国家和发展中国家的发展差距，也使得增长第一、科技万能和征服自然的意识形态甚嚣尘上，从而把整个世界推入了一场新的"世界大战"——人与自然的尖锐矛盾之中。

如果简单地进行形式上的分类，可以把当今世界所面临的人与自然的尖锐矛盾概括为这样三个方面：人类自身生产的过度、物质资料生产的过度以及这两种生产的严重失调。

——人类自身生产的过度。从历史的角度来看，在马克思所生活的那个年代，显然不存在今天人们所担忧的"人口爆炸"问题。当时，全世界的总人口不过12.41亿，大体上只相当于今天我国人口的总数，而且，当时地球上的土地也才不过开垦了1/3。因此，在一个半世纪以前，大自然可供人类自身生产的余地还大得很。然而，截止到 2011 年年底，全球人口总数已经突破 70 亿。而据联合国人口基金会的分析，如果人口按照目前这个趋势增长，世界人口大约于 21 世纪中期超过 90 亿，并且将在 21 世纪末超过 100 亿。如何既满足上百亿人口的需要，又同时维护生命赖以生存的自然环境的平衡，成为了 21 世纪人类面临的巨大挑战。

——物质资料生产的过度。人的生产总是与物的生产相联系的，但遗憾的是，工业革命以来的一百多年，以自然资源的开发和利用为基础的物质资料生产的过度更是甚于人的生产。从 18 世纪后期到 19 世纪末期，在世界人口翻一番的同时，全球矿物资源的消耗量增长了 9 倍。进入 20 世纪后，截止到 70 年代，世界人口又翻了一番多，而全世界矿产资源在同期的年消耗量却增长了 11.5 倍。过度的物质生产，毫无节制地掠夺开发自然资源，必然导致地球有限的资源储量急剧下降。据统计，世界主要矿种目前已探明的储量，比较丰富的是铁，约 1000 亿吨，其余几种分别是：钴为 48 亿吨、铝为 11.7 亿吨、锰为 8 亿吨、铬为 7.75 亿吨、铜为 3.08 亿吨、锌为 1.23 亿吨、铅为 0.91 亿吨。如果按照目前的开采量不变计算，可采年限最长的为铬，能够维持 420 年，最短的为锌，只能维持 23 年；如果按照目前消耗量的年平均增长率计算，铬只能维持 95 年，锌只能维持 18 年。

——上述两种生产的失调。所谓物质生产与人口生产的失调，其实际后果和表现，就是当今世界所面临的严峻的自然环境问题，而这又可以区分为两大类问题：生态危机和环境污染。目前，生态危机主要表现在六个方面，即森林覆盖面积急剧减少、草原退化、水土流失、沙漠扩大、水源枯竭、生物物种减少；环境污染则主要表现在三个方面：大气污染、土壤污染和水域污染。从某种意义上说，环境污染本身也是某种生态问题，但是，作为人类活动对环境产生不良作用的最集中体现，环境污染独特的危害性和严重性则在于，它无孔不入、不断扩散，从而更加扩大了生态危机的规模。尤其是近年来引起世界各国高度关注的气候变暖问题，就是由于矿物的过度燃烧导致二氧化碳的过量排放，从而导致的一种全球层面上的综合性生态环境问题。

显然，置身于 21 世纪的时空坐标中，无论人们能够述说多少对于"香格里拉"的渴望和珍视，也无论人们能够表达多少对于"寂静的春天"的恐惧和忧虑，都不得不面对这样一个事实：当人类的认识能力能够从宏观上到达数十亿光年之遥、从微观上深探至量子尺度，当人类的实践能力能够更多地运用自然规律为人类谋求更大福利的时候，人类的生存和发展反而进入了一个人与自然关系极度恶化的世界！

自从人类诞生以来，人类对自然界的建设作用无疑是巨大而深刻的。但是，面对如此的历史境遇和时代危机，人们也必须清醒地看到，人类对于自然界的破坏作用也是同样巨大的，而且这种人为的破坏作用在危及整个自然界的同时，也最终反过来危及人类自身。正是立足于这样一种认识，越来越多的国家、科学家乃至普通人认识到：人们必须对人类在自然界中的活动和人与自然的关系进行重新审视；人们必须从自然观的高度对造成人与自然关系恶化的原因做出深刻反思。

1992 年，来自 69 个国家的 1700 位科学家——这其中包括了仍然健在的 196 位诺贝尔奖获得者中的 99 位科学家——联名发出了一份警告："人类与自然界正处于一种冲突之中。"

2009 年，在联合国关于全球气候变化问题的哥本哈根会议召开前夕，近 1700 名英国科学家也发表联合声明指出：长期的科学观察证据显示，全球气候确确实实正在变暖，而且主要是由人类活动引发的；这些科学证据非常全面和有说服力，是全世界范围内数千名科学家通过数十年秉持专业道德、进行艰苦和严谨的研究得来的。

面对人类征服自然的脚步依旧大步向前的态势，任何的"警告"和"声明"，或许都将难以获得完全令人满意的回应和成果。

这是因为，在人与自然关系恶化的表象背后，隐藏着的是更为严峻的人与人、人与社会关系恶化的现实。换句话说，人与自然关系恶化的本质和根源，实际上是人与人之间关系的恶化。只要这种人与人的关系的恶化状态不能够得到扭转，只要支配和维持这种关系的资本主义制度以及在其之下发展出来的一整套资源配置法则和国际游戏规则不能够得到改变，人与自然关系的演变就难以迎来春天的曙光。

一位知名的西方经济学家也曾经不无愤慨地指出：不是什么别的东西，而是资本主义的生活方式，正在毁灭我们的星球；气候变化哪里是什么"气候"的变化，而是有史以来人类所面临的一次"最大的市场失灵"。[2]

然而，也恰恰是面对这样的人类境遇和历史关头，我们将再一次发现和领略马克思主义自然观的独特贡献和历史价值。

正是马克思主义自然观关于自然以及人与自然关系的论述，不仅为人们深刻地阐明了自然以及人与自然关系的本质，也为人们指明了改变目前人与自然关系恶化状态的历史方向和路径。

因此，只要人类还要继续生存发展，只要人与自然的和谐还是值得人类珍视的永恒的核心价值，那么，通过不断地回到自然观层面去反思人与自然关系的历史形态与当代面貌，尤其是通过对马克思主义自然观的科学内涵及其当代价值的系统阐发，当今世界必将获得协调人与自然关系、实现人与自然和谐发展的正确方向与合理路径。而这样的一种对自然观的重新回归，尤其是对马克思主义自然观的深入领略，将既不是小说家无奈的述说，也不是科学家们抽象的阐述，而是一种改变世界的力量。

二、自然观的历史演变
——泰勒斯与"万物的起源是水"

茫茫宇宙、耿耿星河，在大约 47 亿年前，人类赖以生存的家园——地球诞生了。斗转星移、沧海桑田，在距今大约 30 亿年前，这个蓝色的星球上终于形成了适合生命起源所需要的全部条件，并最终在大约 200 万—300 万年前，生成了从古猿进化而来的高等生物——人类。

"随同人，我们进入了历史。"作为自然的产物，人是自然界中唯一具有自觉意识和自觉能动性的物种。自人类出现以来，虽然人的生存发展一刻也不能离开大自然，然而随着人的实践能力的增强，自然的演化和发展也从此被深深地打上了人类活动的烙印。正是在这样一种人与自然相互作用、相互生成的历史的过程中，自然观作为人们对于自然以及人与自然关系的整体的、理论的观念形态得以萌发、生成、充实和发展。

小亚细亚地中海边的米利都，是一座与雅典隔海相望的港口城市，位于今天的土耳其境内。由于地处弥安德河入海口的有利位置，早在克里特文明时期，这里就建立了老米利都城。因此，米利都素有历史文化的积累，体现了爱琴文明向早期伊奥尼亚文明转变的连续性。公元 7 世纪时，由于与巴比伦和埃及等地的贸易往来频繁，米利都的经济远超希腊本土，成为了当时海洋贸易和各地思想的汇聚之地。

城市的开放和富有，不仅让米利都人拥有了大量的空闲时间，也开拓了人们观察自然的眼界和思考深度。加上在当时的宗教生活中弱势的祭司无法约束、控制人的思想，关于自然本原和万物起源的讨论逐渐取得了举足轻重的地位。正是在这种背景下，米利都学派的创始人泰勒斯登台亮相，他通过提出"万物的起源是水"这一著名论断，开启了人类自然观迈向哲学舞台的历史。

泰勒斯是古希腊"第一位哲学家"，也是希腊最早的自然科学家，与著名的雅典执政官梭伦（Solon，前 638—前 559 年）等人一起并称为"雅典七贤"。他通晓数学、天文学和工程学，还有从政与经商的才干，也曾游历埃及，并在旅途中想出了测量金字塔高度的方法：当阳光照出的一个人的身影与他本人的身高一致时，就可以借助测量金字塔的影子而知道金字塔的高度。

古希腊人推崇英雄人物的历史编撰传统，不免会把一些传说加在泰勒斯这样一位杰出人物身上。然而，他所提出"万物的起源是水"这一论断，却有着石破天惊的力量。因为，这是人类历史上第一次用人们在日常经验中能够触及的具体的物质形态，来说明自然万物的本质和起源。在泰勒斯看来，由于任何有生命的物体都需要水才能生存，而液体的水能够转变为气体和固体的现象又可以说明大部分的具体事物，如此一来，说水是万物的始源不是很有道理吗?!

对于万物本质和起源的如此推论和解释，后世的人们认为，泰勒斯太独断了，他没有经过充分的思考，就为"万物的起源"这样一个重大问题提供了明确的答案。然而，无论泰勒斯对万物本质和起源的猜测以及对事物构成的分析是否正确，这些都不重要。重要的是，他通过提出"世界的本质和起源是什么"这样一个问题，不仅把人们关于自然的思维从神话转向了哲学，而且推动了人们从日常经验所及的自然现象本身去探求万物的本质和根源。在泰勒斯之前，人类对于自然万物的本质和起源的思考从来没有摆脱过神话的支配；但是现在，终于有人宣称，水是万物的起源。因此，正是从泰勒斯开始，人类自然观的演进正式进入了哲学的舞台。

从历史的发展来看，在马克思主义自然观诞生以前，人类自然观的发展脉络大体上经历了古希腊的有机论自然观、中世纪的神学自然观、近代的机械论自然观以及德国古典哲学的自然观这样几个主要时期。

——古希腊有机论自然观。出于对大自然中万物蓬勃的生机而生发出来的直觉，同时也由于对充满活力和理智的个体的人的外推，古希腊人的自然观体现为一种有机论的自然观。

把自然界看作是一个渗透着心灵特性的、有理智的、有着统一的本原的有机体，认为自然万物都由这一"本原"生长而来，都是有机体，皆在生长、皆有灵魂，这既是古代希腊人"自然"观念的原型和要义，也代表了古希腊自然观最基本的特点。按照英国历史学家、考古学家和哲学家柯林伍德（Collingwood，1889—1943 年）的说法，早在泰勒斯那里，古希腊人就已经具有了这样一种关于"自然"的观念："据我们得到的泰勒斯自己言论的残篇证实，泰勒斯把世界（地球加天体，也就是晚期希腊思想家称之为"宇宙"而米利都学派称之为"世界"的东西）当成被'赋予了灵魂'的某种东西，在其内部，一个有生命的机体或动物是更小的具

有自己灵魂的有机体。"³

事实上，不论是泰勒斯、阿那克西曼德（Anaximander，约前610—前545年）、阿那克西美尼（Anaximenes，约前570—前526年）、赫拉克利特、德谟克利特等早期的古希腊哲学家，还是后来的古希腊哲学的集大成者亚里士多德（Aristotle，前384—前322年），都始终保存了把自然或世界看作是活的有机体的观念。比如，亚里士多德就认为，"事物在其自身的权利中具有生长、组织和运动的天性"是"自然"一词的真实的、根本的含义。在他看来，正因为世界是活的有机体，具有内在的生长的天性，它才能像被赋予灵魂那样具有目的，而大自然中的万事万物，好比种子破土向上，重物奔向地面，植物开花吐艳，江河奔流不息，都是为了实现其目的，都是它的"自然"本性使然。

把自然界看作一个万事万物相互联系、相互影响的整体，是古希腊自然观的又一个重要特点。在古代希腊人看来，既然自然是由统一的本原形成的，而且自然万物皆有灵魂、皆在生长，那么，自然界就不仅是一个相互联系、相互影响的整体，而且这个巨大的有机体及其各个组成部分都必然要处在不断地运动、变化和消失的过程之中。

被列宁誉为"辩证法的奠基人之一"的赫拉克利特就曾经形象地说，"太阳每天都是新的"。而在其主张火为万物本原的残篇中，赫拉克利特更是发出了一个"庄严的、精心构设的、惊动人心的宣言"："这个有秩序的宇宙对万物都是相同的，它既不是神也不是人所参照的，它过去、现在和将来永远是一团永恒的活火，按一定尺度燃烧，按一定尺度熄灭。"因此，正如恩格斯所描述的那样："当我们通过思维来考察自然界或人类历史或我们自己的精神活动的时候，首先呈现在我们眼前的，是一幅由种种联系和相互作用无穷无尽地交织起来的画面，其中没有任何东西是不动的和不变的，而是一切都在运动、变化、生成和消逝。这种原始的、朴素的、但实质上正确的世界观是古希腊哲学的世界观。"[4]

古希腊自然观的缺陷无疑是明显的。它所具有的"万物有灵"的神秘主义色彩，对自然事物的探究不做细致分析而只依靠直觉和感悟，无不显示了其对自然的认识还处在一个较为低级的状态。

然而，古希腊自然观的优越性更是明显的。这既表现在它将自然的本原归结为某一自然物质的朴素唯物主义倾向，表现在它认为自然界是处于不断运动变化和相互联系之中的朴素辩证法思想，而且也表现在它所具有的朦胧的"天人一体"观念。在古希腊哲学家看来，由于自然是人类的外推，二者浑然一体，并无类别，从而也就不存在作为被征服对象与人对立的自然界；由于自然万物都是充满活力的生命体，人们对于其间从万象更新、季节轮替到风暴雷霆、地震海啸的灾变现象就都应充满敬畏顺应之心，而不能对之滥加刀斧、肆无忌惮。面对古希腊人在自然观上的如此建树，即使站在今天的角度，我们也不由得会从心底发出一声由衷的感慨：在人类自然观的第一个历史时期，"希腊人是正常的儿童。"

——**中世纪神学自然观**。"中世纪的历史只知道一种形式的意识形态，即宗教和神学。"[5] 从公元 5 世纪到 15 世纪，是欧洲历史上漫长的中世纪。在这一时期，由于基督教会不仅在经济和政治领域集中了强大的权力，而且在精神文化领域也占据了绝对统治地位，因此，以上帝创世说为主要内容的神学自然观，成了笼罩人类自然观领域的绝对形态。

以《圣经》中提出的上帝创世说为主要内容，在自然或宇宙的起源问题上把上帝设定为自然万物的创造者，无疑是神学自然观最突出的特征。上帝创世说最初是在《圣经》中提出的，《圣经》的首篇《创世记》，即叙述了上帝在六天之内创造自然万物和人的过程。正是以上帝创世说为出发点和圭臬，不论是早期的教父哲学还是后来的经院哲学，在其关于自然以及人与自然的关系的理解上都明确提出：上帝不仅是自然万物的创造者，而且占据着绝对的、至高无上的地位；人作为上帝的创造物，虽然不可避免地要和自然打交道，但其最终目的和最高荣誉只是认识、追求和信仰上帝；

自然作为上帝的创造物虽然种类万千，但只是供人享用和统治的事物，在人的生活和认识活动中没有任何地位和价值。

作为最初只是下层民众反抗罗马帝国残酷统治而产生的一个犹太教的支派，基督教之所以能够战胜罗马帝国存在的各民族多神教，之所以能够独立于犹太教而蓬勃发展，甚至其影响远超犹太一神教而成为一种世界性宗教，一个根本的原因就在于，它适应了当时的社会需要，通过对希伯来的宗教文化与希腊罗马哲学及神学思想的综合，建立了一种具有完备形态的基督教哲学体系。如果说早期的基督教教父们主要还是通过迷信等欺骗手段去推广和传播上帝创世说的话，那么，基督教哲学神学体系的建立，则为神学自然观的统治地位的确立提供了最为根本性的支持。在此过程中，被称为"西方的导师"的教父哲学家奥古斯丁（Augustinus，354—430年）和经院哲学的集大成者阿奎那（Aquinas，约1225—1274年），无疑是最重要的代表人物。

在奥古斯丁看来，自然万物是上帝从无中创造出来的，这种创造是上帝的自由意志的体现；正是上帝的自由意志，构成了自然万物产生、存在、运动、变化的最终原因。他明确提出：我们不必像希腊人所说的物理学家那样拷问事物的本性，我们也无需唯恐基督教徒不知道自然界各种元素的力量和数目，"我们基督徒，不必追求别的，只要无论是天上

的或地上的、能见的或不能见的一切物体，都是因创造主
（他是唯一的神）的仁慈而受造，那就够了。宇宙间除了上
帝以外，没有任何存在者不是由上帝那里得到存在"。[6]

在阿奎那看来，虽然是上帝从无中创造出了人和自然万
物，但像奥古斯丁那样通过信仰的方式来理解上帝的存在并
不可取。为此，他采取了一条通过理性即逻辑演算与概念说
明来理解和确认上帝的"证明之路"。在他看来，在由"上
帝—天使—人—动物—植物—山川江河"构成的等级体系
中，每一等级都以趋向上一等级作为自身完美的目的，而上
帝正是那个起始的原因和终极的目的；在这一等级体系中，
人由于具有灵魂和理智而与自然万物区别开来，但人作为自
然的守护者和鉴赏者，只是代替上帝行使监管大地的权力，
其与自然打交道的最终目的，不是要去探寻自然本身的奥
秘，而是要通过认识作为上帝的作品的自然，去认识上帝和
追寻上帝。

与古希腊人生机勃勃的有机论自然观相比较，中世纪的
神学自然观不仅在思想上具有极大的荒谬性，其历史倒退性
也是不言而喻的。在这种神学自然观统治欧洲长达千年的时
间里，人们的认识活动几乎完全被限制在关于上帝的神学思
想的范围内，以自然事物为研究对象的自然科学也随之长期
被打入冷宫。

然而，历史的车轮终归滚滚向前。进入 13 世纪以后，随着被阿拉伯人称为"中国雪"的火药逐渐传入欧洲，以骑士阶层为支撑的教会制度也就不可避免地衰落了。当火药作为可燃物终于能够在管子中爆炸的时候，伴随着漫长的中世纪终于走到它的夕阳黄昏，神学自然观也最终完成了它的"历史使命"。

——近代机械论自然观。从 15 世纪开始的文艺复兴，不仅开启了现代世界的大门，也推动了人类对于自然的认识越出中世纪的信仰议题。随之而来的宗教改革和科学革命，在极大地解放了人类心灵的同时，更是推动了人类自然观实现彻底的转变。在这一过程中，伴随着近代自然科学，尤其是数学和力学的逐渐成熟，一种以机械论为思想主线的机械论自然观逐渐形成。

机械论自然观的形成是一个漫长而复杂的过程，它大体上经历了萌芽、奠基和形成这样几个主要的阶段。

从文艺复兴时期库萨的尼古拉（Nicholas，1401—1464年）和达·芬奇（Da Vinci，1452—1519 年）等人，经过哥白尼（Copernicus，1473—1543 年）、开普勒（Ke-pler，1571—1630 年）直到布鲁诺（Bruno，1548—1600 年），是近代机械论自然观的萌芽时期。这一时期的人类自然观中虽然还存在着泛神论思想的余绪，但已经大大趋于弱化；与之相反，一种机械论的思想却初现端倪并逐渐增强，并为后来机械论自然观的形成提供了几乎所有的基本要素。比如：关注自然、研究自然的态度；自然是包容了一切的、自因的、同质的思想；自然就像机械一样可以操作、参与、实验甚至制作的观念；自然的根本特征在于它的量、世界的奥秘在于其在数学上的和谐的思想，等等。

意大利物理学家、天文学家、哲学家伽利略（Galileo，1564—1642 年）对于自然所做的第一性质和第二性质的区分，以及法国哲学家、数学家、物理学家笛卡尔（Descartes，1596—1650 年）的二元论思想的提出，是近代机械论自然观的奠基时期。作为近代科学之父，伽利略把自然看作简单有序的系统，明确倡导要把自然作为数学程序来理解的原理。为了能够在对地面物体的描述中把这种数学秩序确立起来，他在采纳古希腊原子论思想的基础上，把整个世界区分为第一性质和第二性质的两个世界：前一个世界是绝对的、客观的、不变的、数学的世界，这是一个真实的世界；后一个世界是相对的、主观的、变动的、感觉的世界，它产生于对真实世界的感受，是一个属人的世界。由于在这种区分中，人和自然不再是一个更大的整体中不可分离的部分，自然不再依赖于人，人则作为一个不重要的旁观者被推离自然这部巨大的数学机器，这就为近代科学中自然和人的分离以及主客二分的认识论原则开辟了道路。笛卡尔是近代哲学的奠基人，为了继续坚持伽利略两种性质的区分而同时又给第二性质的人及其感觉以相应的地位，它提出了著名的二元论思想，即整个世界存在两种实体：本质为广延的物质实体和本质为意识的心灵实体，物质不能有意识，而心灵没有广延，因此二者是彼此独立的。笛卡尔的这一思想策略虽然在当时就存在难以说明两种实体的关联和感觉的产生等困难，但在整个西方近代思想史上留下了深远的影响。

牛顿力学体系的完成，标志着机械论自然观的最终确立。伽利略和笛卡尔的工作虽然奠定了机械论自然观的基础，但还不能使其真正确立起来，因为尽管他们已经在数学和力学上做出了创造性的工作，并且奠定了机械论的思想框架，但作为近代科学典范的完整的力学科学体系还没有建立起来。作为近代物理学尤其是经典力学的集大成者，牛顿在其经典著作《自然哲学的数学原理》中不仅明晰而系统地定义了涉及物质运动的"质量"、"动量"、"惯性"、"力"、"时空"等基本概念，而且提出了力学运动三定律和万有引力定律，从而把天上的运动和地面的运动统一起来，构筑起严谨而壮观的经典力学体系，并最终为机械论自然观的彻底确立提供了所向披靡的前提和深入人心的力量。

近代机械论自然观的历史影响无疑是巨大的。

从科学上看，由于立足于近代第一个严密而成功的科学理论体系，机械论自然观几乎一经提出就为科学家们所接受。比如，与牛顿同时代的著名科学家惠更斯（Huygens，1629—1695 年）就说："在真正的哲学里，所有的自然现象的原因都应该用力学术语来思考，依照我的意见，我们必须这样。"[7] 甚至到了 19 世纪末，著名奥地利物理学家玻尔兹曼（Boltzmann，1844—1906 年）在英国皇家科学院的演讲中仍然宣告：我们的世纪是机械观的世纪。

从哲学上看，机械论自然观的伟大成就不仅给哲学家们留下了深刻印象，也因此带动了相应的哲学工作去进一步扩展机械论的倾向。比如，18 世纪的法国唯物论者普遍把物体的运动归结为机械运动，他们或者主张匀质不变的机械颗粒说，或者提出刺激—反应式的机械反映论，或者坚持力学规律支配的机械论决定论，或者干脆直截了当地提出"人是机器"的口号；而自诩为"批判哲学"的德国康德的先验哲学，虽然强调了人的主体地位和能动作用，但也依然是以肯定自然的数学规则性和牛顿力学的普遍必然性为出发点。

近代机械论自然观由于奠基在牛顿力学之上，无疑具有了相当的科学性基础，而牛顿力学在其产生以后二百多年时间中对于自然现象解释的屡屡成功，更为这种机械论自然观赋予了广泛的现实有效性。然而，机械论自然观的缺陷也是明显的：一方面，与当时的自然科学发展水平相联系，它把自然界的事物和过程视为绝对不变的，认为万事万物是在空间上彼此并列着，并无时间上的历史发展，即使有变化，那也只不过是物体的机械动作和它们动量的交换；另一方面，由于将自然界与人的活动进行二分，由此所形成的主客二元对立的思维模式，不仅使得人与自然之间失去了内在的必然联系，也在认识上为人类自近代工业革命兴起以来只是把自然作为征服与掠夺的对象提供了观念上的前提。

——**德国古典哲学自然观**。德国古典哲学的自然观是在试图克服近代机械论自然观的缺陷的基础上产生的，同时它也对马克思主义自然观的形成产生了直接的影响。大体上看，德国古典哲学的自然观可以分为两大派：一是以康德和黑格尔为代表的唯心主义的有机论自然观，一是以费尔巴哈为代表的唯物主义的机械论自然观。

在德国古典哲学中，康德以他在认识论上所实现的哥白尼式的革命，奠定了他在西方哲学史上的地位。康德在自然观上的突出贡献，不仅在于他在宇宙的起源问题上提出著名的星云假说，主张用生成、发展的观点来看待自然，从而否定了宇宙神创论和牛顿关于宇宙运动起源的"神的第一次推动"，更在于他在认识上强调了人的主体地位和能动作用，从而克服了近代机械论自然观将人排除在自然之外的缺陷。

在他看来，自然的规律是人的经验所赋予的，是"人为自然立法"，这实际上就沟通了人与自然现象之间的认识关系。

作为德国古典哲学的集大成者，黑格尔为了克服近代机械自然观的缺陷，不仅花费了大量时间和精力研究当时自然科学的成果，而且进行了思辨性的总结。黑格尔一方面把自然界视为是绝对理念的产物，即通过人的理性能力的认识而呈现出来的绝对理念的形式，另一方面又在继承康德自然观中的辩证法因素的基础上指出，自然界是一个辩证的运动和发展着的过程，"自然必须看作是一种由各个阶段组成的体系，其中一个阶段是从另一个阶段必然产生的，是得出它的另一阶段的最切近的真理"。[8] 虽然黑格尔把自然视为理念的产物的观点具有浓厚的唯心主义色彩，但恩格斯还是高度评价了他的自然哲学中的辩证法思想，认为正是"黑格尔第一次——这是他的伟大功绩——把整个自然的、历史的和精神的世界描写为一个过程，即把它描写为处在不断的运动、变化、转变和发展中，并企图揭示这种运动和发展的内在联系"[9]。

与康德和黑格尔的唯心主义自然观不同，费尔巴哈在批判黑格尔的唯心主义自然观的基础上提出了唯物主义的自然观。

在费尔巴哈看来，第一，自然界是一种直观的感性存在，不是思维决定存在，而是存在决定思维，由于"自然是与存在没有区别的实体，人是与存在有区别的实体。没有区别的实体是有区别的实体的根据——所以自然是人的根据"[10]；

第二，不仅自然界和人应该作为哲学的最高研究对象，而且"一切科学都必须以自然为基础。一门科学在它不能找到自己的自然基础之前，只不过是一种假说"[11]；

第三，哲学的任务是研究现实的自然界和现实的人，哲学要以自然界为出发点，并且要立足于自然界的真理，并用这个真理去反抗和批判宗教神学；

第四，人和自然的关系是一种对象性关系，人正是通过对象化活动并借助于自然界中的对象来表现自己的本质的。

显然，费尔巴哈把自然视为感性的、直观的客观事物，坚持按照自然的本来面貌来认识自然的思想，无疑是对黑格尔的唯心主义自然观的极大超越，然而，由于他对自然只是从客体的或者直观的形式去理解，而不是把它们当作感性的人的活动，当作实践去理解，不是从主体方面去理解，从而使得他的唯物主义的自然观又带上了浓厚的感性直观性、抽象性和机械性的色彩。

德国古典哲学中这样两种大相径庭的自然观思想虽然各有缺陷，但也包含了诸多合理的因素。比如，康德提出的关于人的主体性的思想，相对于将人与自然隔离开来的近代机械论自然观是一大进步；费尔巴哈提出的以自然界和人作为哲学最根本的研究对象的思想，也具有一定的合理性。尤其是上述两种自然观提出的关于自然的人化的思想、关于人的主体性对自然事物的作用和影响的思想，为马克思主义自然观的创立提供了直接的、有益的启示。

三、马克思主义自然观
——笛福与《鲁滨逊漂流记》

在西方有这样一部小说，欧洲最杰出的思想家卢梭（Rousseau，1712—1778 年）曾建议每个成长中的青少年，尤其是男孩子都应该读读它，这就是 18 世纪英国著名作家笛福（Defoe，1660—1731 年）在 59 岁时出版的自传体小说《鲁滨逊漂流记》。小说讲述的故事并不复杂：

出身于商人之家的鲁滨逊，不甘于像父辈那样平庸地过一辈子，一心向往着充满冒险与挑战的海外生活，于是毅然舍弃安逸舒适的生活，私自离家出海航行，去实现遨游世界的梦想。然而，航行的途中风暴将船只打翻了，鲁滨逊一个人被海浪抛到一座荒无人烟的海岛上，在那里度过了 28 年的孤独时光。

在荒无人烟、缺乏最基本的生活条件的小岛上，鲁滨逊孤身一人，克服了许许多多常人无法想象的困难，以惊人的毅力顽强地活了下来。没有房子，他自己搭建；没有食物，他尝试着打猎、种谷子、驯养山羊，晒野葡萄干，他还自己摸索着做桌椅，做陶器，用围巾晒面做面包。在岛上的第24 年，他还搭救了一个野人，给他取名为"星期五"。在他的教育下，"星期五"成了一个忠实的奴仆。

就这样，鲁滨逊在荒岛上建立了自己的物质和精神的王国。

这篇小说一经发表即获得了巨大的成功。伴随着小说的流传，"鲁滨逊"成了千千万万读者心目中的英雄，"鲁滨逊的小岛"也从此成了人们心目中一个与世隔绝的纯粹自然世界的象征。

然而，正如马克思所说：这样一个 18 世纪的"鲁滨逊的故事"，只是一种"被误解了的自然生活"；"鲁滨逊"和他的仆人"星期五"所生活的小岛，也不是人们"在其中生活的自然界"，它作为一种脱离了人类的社会世界而单独存在的与世隔绝的自然界，只是一个"除去澳洲新出现的一些珊瑚岛以外今天在任何地方都不存在的自然界"。

那么，马克思为什么要说"鲁滨逊的故事"只是一种"被误解了的自然生活"？为什么会说"鲁滨逊的小岛"不是人们"在其中生活的自然界"？正是在回答这些问题的过程中，我们清楚地看到，经由马克思和恩格斯的天才贡献而产生和发展起来的马克思主义自然观，不但通过对上述问题的解答实现了人类自然观历史上的巨大变革，而且为人们正确把握自然以及人与自然关系的本质与方向作出了独特贡献。

从古希腊有机论自然观到西方近代机械论自然观以及德国古典哲学自然观的发展历程，充分体现了人类自然观的演进过程。西方近代机械论自然观曾经对近代早期自然科学的发展起过巨大的推动作用，但它认为自然界的存在和发展都是由机械运动规律所决定的思想，又在很大程度上阻碍了自然科学的发展。不仅如此，由于机械论自然观包括后来的德国古典哲学自然观认为，人与自然是对立的，自然界是人类可以任意支配和肆意掠夺的对象，从而导致了人与自然关系的恶化。

进入 19 世纪以后，不论是自然科学的迅猛发展，还是随着工业文明的突飞猛进而出现的人与自然关系日益恶化的现实，都要求人们能够突破这种旧自然观的束缚。

马克思和恩格斯在顺应时代要求的基础上，通过对旧自然观的批判和自然科学最新成果的利用，创立了一种与以往的旧自然观有着根本区别的新自然观——马克思主义自然观，实现了人类自然观发展史上的革命性变革。

辩证唯物主义物质观是马克思主义自然观的基础和前提，它在承认世界的物质性的同时，承认物质结构展现的无限性和物质形态的多样性。建立在辩证唯物主义物质观基础上的马克思主义自然观，在肯定自然界具有物质客观性、具有相对于人类社会的先在性和前提性的基础上，通过人的实践活动的中介，去把握人与自然关系的实践性和社会历史性，不仅使马克思主义自然观超越了一切旧自然观的历史局限，也展现了马克思主义自然观的丰富内涵。

马克思主义自然观的基本内容：

——自然是人类生存和发展的前提。马克思主义自然观首先是一种唯物主义的自然观。在马克思主义自然观看来，人起源于自然界，孕育于自然界，是大自然分化的产物；作为自然界的一员，人属于自然界、存在于自然界，对自然界具有根本的依赖性；相对于人的活动而言，自然界的存在具有客观性。

自然界的客观物质性。尽管自然界的物质形态千变万化、纷繁复杂，但它们都具有某种共同的本质属性，即物质性或客观性。自然界的一切事物都是物质的，是不依赖于人的意识、感觉和精神的独立存在物，它们虽然存在于人的意识、感觉、精神之外，却能为人们的感觉和意识所反映。近代以来，大量的科学材料表明，自然界的天地万物都有自己产生的客观过程，人类只是在自然界发展到一定阶段上才出现的。自然界既不是什么神的意志的产物，也不是人的意识的产物，自然界是客观的。正是随着具体科学的不断发展，随着唯物主义关于世界本原的观点不断得到证实，马克思主义自然观在对自然的认识上必然要得出这样的结论：自然界是客观的，不仅宇宙间各个天体的形成与变化是客观的，而且生物的产生和进化也是自然界长期发展的结果，同时人类的产生也是自然界长期发展的结果。只有首先承认自然界的客观物质属性，人类才能在认识和处理人与自然的关系上获得最基本的起点。

自然界的先在性。在人类产生以前自然界就已经存在了，人类不过是自然界的产物，自然界对人来说具有永恒的先在性。科学研究证明，地球所处的银河系大约产生于 150 亿年前，地球自身大约产生于 45 亿年前。而在地球产生以后很长的一段时间内，地球上只存在无生命的物质，没有生命，更没有人类。只是在距今 30 亿年前，地球上才首次出现了生命，其后经过不断的进化发展，才产生了人。无独有偶，考古发现也表明，人是在 300 万年前才诞生的。当然，在历史的发展过程中，由于宗教的影响以及人对自然界和人类形成史缺乏科学的认识，上帝创世说、上帝造人说一度相当流行，使得人们在人与自然关系的问题上产生了许多错误的认识。然而，从科学的角度看，迄今为止，达尔文（Darwin，1809—1882 年）的人类自然进化学说，仍然是诸多关于人类的来源与形成的理论中最为完善的一种，在这一学说看来，正是外部自然环境较长时间内发生的、剧烈程度不一的变化，才使得一种与其他动物稍有区别的动物演进为人。

自然界的规律性。自然界的一切具体形态和具体现象是形形色色、无穷无尽的。自然界处于永恒不断的运动、变化和发展过程之中，静止是相对的。时空是自然界存在、运动的形式。自然界的运动、变化、发展不是杂乱无章的，而是存在着普遍的客观规律，人们借助科学是可以对这种自然规律加以认识的。马克思主义哲学所揭示的唯物辩证法的规律也是最普遍的自然规律。

自然界的前提性。人必须依赖自然界才能生活，自然界是人的生活生产要素的来源和人类存在的基础。人既要依赖自然界生活，同时也要依赖社会生活，但归根结底依赖自然界才能生活。在马克思主义自然观看来，一方面，自然界是人类生存与发展的物质前提，它不仅为人类提供着生产资料，也为人类提供着生活资料。正如马克思所说，人和动物一样，是靠自然界生活的，人在肉体上只有靠这些自然产品才能生活，而不管这些产品是以食物、燃料、衣着的形式还是以住房等等的形式出现；没有自然界，没有感性的外部世界，人们就什么也不能创造。另一方面，自然界也为人类的精神活动提供着最基础的对象和源泉。植物、动物、石头、空气、阳光、水等，无论是作为自然科学的对象，还是作为艺术和审美的对象，都是自然所赋予的；是人的精神活动得以产生、延续和深化的最为基础性的前提。

——人与自然是一个不可分离的统一的整体。马克思主义自然观是有机论的自然观。它同古代的有机论自然观的区别在于，它是建筑在马克思主义实践观点基础上的有机论的自然观。它认为人的社会实践使人与其所生活的周围自然发生改变，成为"人化自然"，这种"人化自然"就是人与自然构成的统一的有机整体，即人通过自己的实践活动与周围自然耦合成的有机整体。在"人化自然"的整体中，人与自然是不可分离地联系在一起的，不仅人不能离开自然界而生存，而且自然界也不能离开人，人与自然应该和谐相处、和谐发展。因此，在这种意义上，离开了人的"人化自然"，相对于人来说，是一种"不现实的自然界"。

一方面，人是靠自然界生活的，离开自然，人就失去了获得物质生活资料的可能性，从而无法生存下去。正是在这个意义上，马克思明确指出："自然界，就它自身不是人的身体而言，是人的无机的身体。"[12] 但另一方面，作为人的生存发展前提和条件的自然界，不仅它对于人的生存和发展的现实性的呈现只有在其与人发生相互影响和相互作用的过程中才能体现出来，而且自然界的人的本质只有对于社会的人说来才是存在的，因为只有在社会中，自然界对人来说才是人与人联系的纽带，才是人的现实生活的要素；也只有在社会中，人的自然存在对他来说才是他的人的存在。离开社会，人与自然的关系也就无法理解，甚至无法存在。

然而，虽然人与自然是一个不可分离的整体，但要实现人与自然之间的这种不可分离的关系，走向辩证统一，则是一个漫长的历史过程。人作为社会存在物，作为有意识的类的存在物的基本特征，是他所从事的自由自觉的活动，即劳动。人的才能正表现在他可以通过劳动来改造整个自然界，并从自然中超拔出来。在劳动中，人致力于从自然界攫取生活资料，致力于塑造一个和谐的"人化的自然"，但在一定的社会形态中，由于异化劳动的存在，作为人的劳动对象的自然却开始与劳动者相分离、相对立了。同时，由于劳动的自发性，人实际上成了自然的破坏者，随着历史的发展，人与自然的原始和谐让位于人与自然的尖锐对立。比如，最初的农耕活动对于自然的影响是有益的，但随着这种活动的规模不断扩大，特别是某些地区，如古代的希腊、美索不达米亚等对森林的乱砍滥伐,导致了土地的荒芜。自然界的生态平衡一经破坏,就倒过来对人类实施报复。而在当代社会,生态危机已经是不争的事实。

按照马克思的预见,资本主义社会归根到底不能解决好人与自然的关系,只有在以公有制为基础的未来共产主义社会中,联合起来的生产者才可能合理地调节人与自然之间的物质交换,从而真正达到人与自然的统一。人的劳动在全社会的范围内由自发走向自觉的过程,实际上就是人与自然达到辩证统一的过程。

——**人与自然的关系本质上是人与人的关系的体现**。人与自然的关系是随着人类历史的发展而不断发展的,每一时代人与自然的关系都是这个时代人与人的关系的反映。由于人类历史上不同时代的生产水平不同、生产方式不同,人与人之间的关系也不相同。而这些人与人之间的不同的关系最终又通过人与自然的关系体现出来。因此,正是从这一意义上来看,人与自然的关系本质上是人与人的关系的体现。

在原始的社会形态中,自然是作为一种完全异己的、有无限威力的力量与人们相对抗的,人们同它的关系就像动物同它的关系一样,人对自然界的意识也是一种纯粹动物般的意识及自然宗教。显然,人与自然之间的这种狭隘关系是与极度不发达的、以直接的血缘关系为纽带的人与人之间的关系互为因果的。随着生产力的发展，人们改造自然的能力的增强，人与自然之间和人与人之间的关系发生了重大变化。在以工业革命为先导的西方资本主义社会中，一方面，人越是成功地改造自然，人与人之间在劳动中的分工和协作关系就越扩大，但随着财富的积累和私有制的产生，人与人之间的对立和冲突也变得越来越尖锐。另一方面，在资本主义的雇佣劳动制度下，当人作为自由劳动者出现的时候，当人与人之间的分工协作关系获得了巨大发展的时候，人对自然的改造和利用也达到了前所未有的程度。当自然从被崇拜、被神化的对象降低为"有用物"之后，人与自然的关系也被倒转过来了，人也开始肆意地破坏自然界，从而给自己的生存带来严重的危机。

按照马克思的看法，要使人与自然和人与人之间的关系获得辩证的解决，就必须扬弃私有劳动，扬弃私有制，从根本上解决好人与人之间的关系。

从人与自然的历史关系看，自然最初表现为人的统治者，接着又下降为有用物，最后与人达到和解与统一；与此相应的是，人与人之间的关系也经历了三个阶段的发展，即从最初的人与人之间的自然的、狭隘的依赖关系，到建立在普遍交换基础上的全面的然而异化的关系，最后达到个人全面发展并和他人和谐相处的关系。只有深入剖析人与人之间关系的历史发展，才能科学地说明人与自然之间的辩证关系。

——只有通过人的实践才能实现人与自然关系的协调发展。在人与自然关系的变化发展过程中，一方面存在着人遵循自然规律的关系，另一方面又存在着自然适应人的需要的关系。如果人类不遵循自然规律，一味地按照自己的主观愿望去改造自然界，势必造成对自然界的破坏；如果自然界不能适应人的需要，那么，这种自然界对于人类而言也是没有意义的。因此，只有推动人类改造自然的实践，处理好人类遵循自然规律与自然界适应人类需要这两方面的关系，才能实现人与自然的和谐发展。

人类为了更好地生存和发展，当然需要协调好人与自然之间的关系。人既是自然存在物，又是社会存在物，同样，自然界也既有自身的自然属性，又有属人的社会属性。由于人类改造自然的目的是为了使人类更好地生存和发展，而人类要更好地生存和发展，又需要一个有利于人类生存和发展的环境。正是从这种需要出发，人类在改造自然时应该协调好人与自然之间的关系。

——人与自然的协调发展关系是与社会生产力水平紧密相关的。在生产力水平不很发达的前工业社会，人与自然之间的关系是较为协调的；而在生产力水平高度发达的工业社会，由于人们把自然看作征服、统治和掠夺的对象，看作可供人类利用的附属物，人与自然之间的关系变得越来越不协调了；然而，一旦进入生产力极为发达的共产主义社会，人与自然的矛盾将得到合理的解决，人与自然之间的关系又将变得协调起来。在这一否定之否定的历史过程中，一方面以人的实践活动为基础的生产力的发展引起了人与自然关系的变化和发展，而另一方面人与自然之间的关系从协调到不协调再到协调的不断发展，又会反过来促进生产力的发展。

四、实现人与自然和谐发展
——温室效应和"哥本哈根会议"

2009 年 12 月 7 日至 18 日，为了应对由于温室效应导致的全球气候变暖问题，世界气候大会（全称是《联合国气候变化框架公约》缔约方第 15 次会议）在丹麦首都哥本哈根召开。来自 192 个国家、超过 2 万人的各界代表以及约 75 个国家的元首或领导人出席了这一会议，围绕着在 2012 年后就国际气候制度达成全面、有约束力、有效的国际协议进行了激烈的谈判。

所谓温室效应，就是指由于大量使用化石燃料造成二氧化碳大量排入大气，以及由于工业活动导致的环境污染所引起的地球表面变热现象。对于地球生态来说，温室效应会带来以下几种严重恶果：地球上的病虫害增加；海平面上升；气候反常，海洋风暴增多；土地干旱，沙漠化面积增大。按照科学家们的预测，如果地球表面温度按现在的速度继续升高，到 2050 年全球温度将上升 2—4 摄氏度，南北极地冰山将大幅度融化，导致海平面大幅上升，一些岛屿国家和沿海城市将淹于水中，其中包括纽约、上海、东京、悉尼等几个著名的国际大城市。正是由于温室效应引起的全球变暖对于人类的生存发展具有如此巨大的威胁，人们对哥本哈根会议充满了期待。

然而，随着哥本哈根大会的结束，世界舆论出现了空前混乱的局面。这次会议究竟成功还是失败了？《哥本哈根协议》是重要成果还是一钱不值？参加大会的 192 个国家似乎发出了"193 个声音"。一些尖刻的西方媒体嘲笑道：此次大会"距离完全失败只有一步之遥"，19 日是"丹麦最冷的一天"；有的非洲国家宣称"非洲被出卖了"；俄罗斯总统梅德韦杰夫说，此次会议取得了"微不足道的成果"；孟加拉国总理则积极评价峰会，认为峰会的成果是"可以接受的"；印度尼西亚政府发言人说，各国领导人在哥本哈根认真讨论了气候问题，这对全世界的孩子都是一个好消息。

作为一场交织着科学、政治、经济、法律和伦理问题的激烈而复杂的利益较量，哥本哈根会议在一片不和谐的气氛中落下了帷幕。在人类控制全球气候变暖的进程中，哥本哈根会议虽然没能够成为一座里程碑，但它那无果而终的结局却提醒人们，在解决当今世界人与自然尖锐矛盾的过程中，人类还必须从自然观这一哲学层面寻求新的启示。

马克思主义自然观从人的具体的、历史的实践活动出发把握人与自然的关系，通过对隐藏在人与自然关系背后的人与人的关系的把握和调整，去现实地寻求人与自然关系的和解，不仅有助于人们正确认识人与自然关系的本质，也有助于人们运用合理的实践方案去面对日趋严峻的生态环境危机，从而努力推动人与自然走向和谐发展的新境界。

必须正确运用马克思主义自然观关于生态环境危机根源的分析。

当代全球性的生态环境危机的根源是多重的。有的经济学家认为，生态问题产生于经济制度的不完善，通过市场经济制度的不断完善，生态问题完全可以通过市场来克服；有的技术哲学家认为，生态问题产生于工业，尤其是现代大工业的发展与技术的运用或滥用，因而主张限制大规模生产与大量消费；有的生态伦理学家则认为，生态问题产生于人们错误的世界观，主张用"生态中心主义"取代"人类中心主义"；还有人提出要回归自然，回归荒野，拒斥现代工业文明。

然而，在马克思主义自然观看来，生态危机的发生虽然有着人类认识上的根源，但这不是最根本的，因为当代所有给环境带来重大影响的人类行为并不都是出于认识上的原因。显然，我们不能说日本渔民大肆捕杀濒临灭绝的鲸、美国政府拒绝签署《京都议定书》，是由于某种认识上的原因。同样，现代科学技术的发展与运用极大地改变了人类的生存条件，使人类具备了大规模干预自然，甚至毁灭自然的能力，客观上为生态危机的发生提供了基础，但是决定技术社会运用的却并不是科学技术本身。

当代全球性的生态危机问题，从表面上看是人与自然的矛盾激化，但在本质上却是人与人的矛盾使然。资本主义生产规模的全球化提高了人类改造自然的能力，正是这种改造自然的能力的提高与资本主义社会生产关系之间的矛盾，导致了严重的全球生态危机。而且，只要生产资料私有制还存在，就存在个别利益与公共利益的分裂，就存在无止境地追逐个别利益的冲动，就存在以公共利益为代价换取个别利益、以自然为代价换取个人利益的动机，从而相应地存在着把这种动机付诸行动的社会机制。因此，正如马克思所指出的那样："这些矛盾和对抗不是从机器本身产生的，而是从机器的资本主义应用产生的！"[13]

马克思主义自然观在批判了资本主义对于自然的破坏的同时，也提出了解决生态环境危机的重要思想。按照美国著名生态学马克思主义者奥康纳（O'Connor，1930年—　）的看法："虽然马克思和恩格斯本人不是'生态经济学家'，但他们都清楚地意识到了资本主义对资源、生态及人类本性的破坏作用。他们由以出发的一个理论前提是：自然（或"生产的外部条件"）仅仅是资本的出发点，而不是其归宿。"[14]

直面全球性的生态危机，一定要深刻理解马克思主义自然观对于解决生态环境危机的重要启示。

——克服自然资源的短缺问题需要充分发挥人的主体性。自然事物具有多种属性，同一自然物能够成为多种不同的原料，而科学技术的发展，不仅会增加有用物质的数量和已知物质的用途，还能教会人们把生产过程中的废料投回到再生产过程的循环中去，从而无需预先支出资本就能创造出新的资本材料。这就表明，通过发挥人的主体性，尤其是通过发挥人的聪明才智推动科学技术发展，人类不仅能够更加充分地利用各种原料，而且会极大地增加各种有用物质的不同用途，最终通过发展循环经济，使自然资源和原材料得到越来越充分的利用。

——解决环境问题需要充分发挥科学技术的作用。在马克思看来，"化学工业提供了废物利用的最显著的例子。它不仅找到新的方法来利用本工业的废料，而且还利用其他各种各样工业的废料"。[15] 因此，为了减轻环境污染，同时也为了节约资源，"就要探索整个自然界，以便发现物的新的有用属性；……采用新的方式（人工的）加工自然物，以便赋予它们以新的使用价值。要从一切方面去探索地球，以便发现新的有用物体和原有物体的新的使用属性，如原有物体作为原料等等的新的属性；因此，要把自然科学发展到它的最高点"。[16]

——解决生态环境问题最终需要变革社会制度。在马克思主义自然观看来，处理好人与自然的关系是解决生态环境问题的关键，而由于人与自然的不合理关系本质上又是不合理的人与人的关系使然，因此，要彻底解决当代全球性的生态环境问题，唯一的出路就在于变革资本主义的生产关系。正如英国哲学家柯亨（Cohen，1941—2009 年）所概括的那样：在马克思看来，"资本主义使人与自然之间、人与人之间的冲突发展到了终点。它完成了对自然的征服，工业的历史改变了自然的形态，以致人们可以把自然看作是属于自己的。自然曾一度把人压迫到自然的水平，然而人现在却把自然提高到人的水平。如此多的技术和无生命的力量发挥作用，以致无需艰巨的劳动，由某些人对其他人的生活所进行的控制也失去了效力。人与自然的新的结合在一种新的共产主义中成为可能，并将由资本主义社会中的被压迫阶级，即工业无产阶级来实现。"[17]

——坚持走中国特色的生态文明发展道路。坚持以马克思主义自然观为指导，正确地看待和处理人与自然关系的尖锐矛盾，努力解决发展中的人口资源环境问题，努力实现人与自然的和谐发展，是摆在我们面前的一项十分紧迫而意义重大的任务。

坚持走中国特色生态文明发展道路，实现人与自然的和谐发展，就是要坚持生产发展、生活富裕、生态良好的文明发展道路，建设资源节约型、环境友好型社会，实现速度和结构质量效益相统一、经济发展与人口资源环境相协调，使人民在良好生态环境中生产生活，实现经济社会永续发展。

坚持走中国特色的生态文明发展道路，实现人与自然的和谐发展，必须坚持以科学发展观为指导，以实现国民经济又好又快发展为根本着眼点，坚持走中国特色新型工业化道路，加快转变经济发展方式，把优化产业结构、转变增长方式、提高科技创新能力、提高综合效益、降低能源资源消耗、控制废弃物和污染物排放结合起来。

坚持走中国特色的生态文明发展道路，实现人与自然的和谐发展，必须以建设资源节约型、环境友好型社会为指向，以建立绿色国民经济核算体系为引导，以发展循环经济为路径，以推进制度和政策创新为动力，以建立多元化投资体制机制为保障，以加强国际交流与合作为支持，以保障国家资源和环境安全为底线，形成可持续发展的整体推进和系统保障体系。

坚持走中国特色的生态文明发展道路，实现人与自然的和谐发展，必须树立以人为本的观念；必须树立节约资源、保护环境和人与自然和谐的观念；必须强化经济效益、社会效益、环境效益和生态效益相统一的效益意识；必须强化节约资源、循环利用的可持续生产和消费意识；必须强化经济指标、人文指标、资源指标和环境指标全面发展的政绩意识。

结　语

坚持走中国特色生态文明发展道路、实现人与自然和谐发展，既坚持了马克思主义自然观，也顺应了当今世界可持续发展的"全球共识"。

坚持马克思主义自然观，就要始终坚持中国特色社会主义的道路选择、制度选择和理论选择，一切从人民的利益出发寻求中国发展的理论前导，从经济发展方式的转变中寻求中国发展的模式支撑，从生态文明的建构中寻求中国发展的生长空间，从主动加大节能减排指标的自觉实践中寻求中国发展的国际竞争优势，努力实现人与自然和谐发展，开辟建设中国特色生态文明更为广阔的前景。

注　释

1　莱切尔·卡逊:《寂静的春天》，吉林人民出版社 1997 年版，第 3 页。

2　特里·伊格尔顿:《马克思为什么是对的》，新星出版社 2011 年版，第 20 页。

3　R.G. 柯林伍德:《自然的观念》，华夏出版社 1990 年版，第 33 页。

4　《马克思恩格斯文集》第 9 卷，人民出版社 2009 年版，第 23 页。

5　《马克思恩格斯文集》第 4 卷，人民出版社 2009 年版，第 289 页。

6　《西方哲学原著选读》(上卷)，商务印书馆 1981 年版，第 219 页。

7　转引自林定夷:《近代科学中机械论自然观的兴衰》，中山大学出版社 1995 年版，第 42 页。

8　黑格尔:《自然哲学》，商务印书馆 1980 年版，第 28 页。

9 《马克思恩格斯文集》第 3 卷，人民出版社 2009 年版，第 542 页。

10 费尔巴哈：《费尔巴哈哲学著作选集》上卷，商务印书馆 1984 年版，第 116 页。

11 转引自施密特：《马克思的自然概念》，商务印书馆 1988 年版，第 12 页。

12 《马克思恩格斯文集》第 1 卷，人民出版社 2009 年版，第 161 页。

13 《马克思恩格斯文集》第 5 卷，人民出版社 2009 年版，第 508 页。

14 詹姆斯·奥康纳：《自然的理由》，南京大学出版社 2003 年版，第 196 页。

15 《马克思恩格斯文集》第 7 卷，人民出版社 2009 年版，第 117 页。

16 《马克思恩格斯文集》第 8 卷，人民出版社 2009 年版，第 89—90 页。

17 G.A. 柯亨：《卡尔·马克思的历史理论》，重庆出版社 1989 年版，第 26 页。

信息化的世界和世界的信息化

——信息论

信息不仅是物质的产物、社会的产物，也是物质世界、人类社会的普遍联系法则作用的结果，并且随着自然界的演化尤其是人类的出现和社会的发展而日趋复杂化和多样化。信息既源于物质，但又不等于物质；信息与意识既有联系又有区别，不能离开人的实践和认识去把握信息。

信息是什么？它有什么功能与特征？它与物质、与意识是什么关系？如何认识虚拟实践和网络社会？我们力图从辩证唯物主义的角度，对于这些问题进行研究并给予回答。并在此基础上阐述信息在人类实践和社会发展中的重要地位和作用。

一、信息的功能与特点
——"情报拯救了以色列"

1973 年 10 月 6 日，以色列和埃叙联盟之间爆发了第四次中东战争。在战争前期，由于情报工作的失误，以色列耗资 5 亿美元、经营多年的"巴列夫防线"在短短几个小时中即被突破。埃及军队更是成功地跨越苏伊士运河，摧毁了以军在西奈半岛东边构筑的几乎所有沙堡。

然而，正如人们后来所看到的，随着战事的推移，以军很快占据了优势。他们利用美军侦察卫星和航空侦察提供的重要情报，不仅成功偷渡苏伊士运河，而且完成了对埃及第3军团的合围，转守为攻，从而一举赢得了战争的主动权。

有人在事后总结认为，战争初期，情报耽误了以色列；战争中期及至战争结束，则是情报拯救了以色列。真可谓败也情报，成也情报。那么，情报是什么呢？从本质上看，情报就是一种特殊的信息。或许也可以说是信息拯救了以色列。

今天，随着以电子化、数字化、网络化为核心和标志的现代信息技术的飞速发展，信息和信息处理已经深入经济、政治、文化、社会等人类生活的所有领域。尤其是数字化技术的出现和发展，使得人们已经可以轻而易举地用二进制编码来表示、存储和读取几乎是无限量的信息。人们日常所用的笔记本电脑、数码相机、U盘以及其他数码设备等，就是这方面的典型例子。与此同时，人们还能够以极低的成本把这些信息及时地传播到世界各地。

信息化的世界和世界的信息化，正在成为当代世界最突出的面貌和特征。

然而，"信息"一词作为科学概念的产生才短短半个多世纪，人们对于"信息是什么"的问题尚未得出一个统一而明确的答案。这一方面显示了对于"信息是什么"这一问题进行回答的复杂性和难度；另一方面也告诉我们，或许在这一问题上应该从一些较为简单的问题入手。为此，让我们先来看一看信息在人们的生活中能够发挥什么样的作用。

信息具有怎样的作用呢？

初到一地游览的人，往往会有这样一种感受：四周一片陌生，往哪个方向走都觉得不踏实，生怕搞错了方向，走了本不该走的冤枉路。然而，这时如果有人递过来一张地图，你顿时就会感觉踏实不少，心里也有数多了。为什么会这样？实际上，这就是因为地图向你提供了关于该地的信息，从而让你不会盲目地瞎转悠。可见，**能够减少乃至消除人们在认识事物上的盲目性和不确定性，是信息的一个显著而重要的作用。**

实际上，早在 1948 年，美国数学家、信息论的创立者申农（Shannon，1916—2001 年）就在题为《通讯的数学理论》一文中指出："信息是用来消除随机不定性的东西。"这也是人类第一次从现代科学的层面上去阐明信息的功能与用途。其后，被称为"传播学之父"的美国人施拉姆（Schramm，1907—1987 年）则进一步指出：信息是两次不确定性之差，是能够减少或消除不确定性的任何东西。正是在这样的认识基础上，人们开始认识到：**信息大概就是能够**

为人们对外部世界的认识增加确定性的东西。

就认识到信息具有增加人们认识及实践活动的确定性这一特征而言，我们并不比古人高明多少。不论是为了传递军情而燃起烽火狼烟，还是为了递送朝廷的命令和公文而修筑专门驿道，以及在对敌作战运筹帷幄时强调要"知己知彼，百战不殆"，所有这一切都表明，古人早就明了信息的这一特定功用，并且善于利用这一功用。然而，问题的关键在于：为什么有了信息，人们就能够在认识事物时增加确定性呢？而要回答这一问题，就需要先回答什么是信息以及信息的特征问题。

信息的本质及其特征是什么呢？

信息到底是什么？美国数学家、控制论的创始人维纳（Wiener，1894—1964 年）试图从信息与物质、信息与能量的关系角度来阐明和解决信息的本质问题，认为"信息既不是物质，也不是能量"，但他未能从正面对"什么是信息"给出明确的答案。在维纳之后，虽然不同学科的学者们分别从特定角度对信息的本质进行了广泛而深入的研究和解释，但也远远没有达成共识。有人认为信息是与物质、能量并列的世界三大要素之一；有人认为信息是一种以"场"的形态存在的物质；有人认为信息是非物质的、纯粹的精神活动；还有人认为信息是事实和数据的组合，如此等等，不一而足。显然，信息概念本身的确具有难以简单把握的多义性和复杂性。

对于信息的本质问题，即什么是信息，人们可以从一般信息论、具体的通讯理论、语言学、生物遗传学等不同的学科视野进行阐释，而要在哲学层面解答，就要超越具体学科的层次，从最普遍、最一般的意义上去揭示信息的本质。

可以从这样几个方面来把握信息的本质及其特性。

——**信息的存在和出现必须以客观事物的存在为前提，没有可以离开客观事物而独立存在的纯粹的信息。**信息作为客观事物及其运动的相关特性在人们头脑中引起的某种特定反映，离不开客观事物本身。没有客观事物，就不可能有表征它的信息形式。

——**信息是表征人类与客观事物之间某种特定关系的范畴，不能离开人的实践和认识活动去把握信息。**虽然即使没有人的存在，客观事物也会相互作用并伴随"信息"的传递，但"有意义的信息"即社会信息总是与人相关的。来自客观事物的"信息流"只有对于人具有意义和价值，才能成为人所需要的信息。正如马克思所说："对于没有音乐感的耳朵来说，最美的音乐也毫无意义。"[1]

现代科学关于通讯过程的研究，告诉人们这样一个基本的事实：信息只能出现在通讯系统之中。在现实世界中，哪里存在一个完整的通讯系统，并且在其中发生了完整的通讯过程，哪里就有信息；是不是信息、是什么样的信息、有多大的信息量，不仅取决于信源（信息的发出者）发出了什么，而且取决于信宿（信息的接收者）收到了什么。这就表明：只有在和信宿（实际上，真正能够作为信宿的接收者就是人）的联系中，才能现实地把握到信息的性质和信息量的多少。

——信息可以分为**自然信息**和**人工信息**两大类。所谓**自然信息**，不是指客观存在着与人无关的信息，而是指客观事物的结构、属性和关系的信息，它是在没有人干预的情况下，由客观事物释放出来的；所谓**人工信息**，即**社会信息**，则是指人们依据一定的物质和技术手段，有意识地表征一定事物、现象和过程的结构、属性、关系和意义的信息。最高级的信息形式当是以人脑为物质"加工厂"、以语言文字为物质外壳、以客观事物的结构、属性、关系为物质内容的意识形式。人们所说的语言、所写的文字、所绘的图画、所列的公式、所表述的思想观念，包括计算机软件中的数据、指令和程序等，都属于人工（社会）信息的范畴。

——不论是自然信息还是人工（社会）信息，其与物质本身的显著区别在于其**不守恒性**。接收信息的一方收到信息的同时，发出信息的一方并未失去信息。信息的这种不守恒性主要表现为：一方面，原则上说任何信息都可以有无限多的接收者并由其分享；另一方面，信息一旦消失，就永远湮灭了。

我们还必须看到，相对于自然信息，比如说来自遥远太空的恒星所发出的光来说，人工信息无疑是我们人类最常接触的信息，这一类信息由于源于人的活动以及由此形成的社会存在和社会关系，因此，它还具有自身独特的特点。

人工（社会）又具有怎样信息的特点呢？

——人工（社会）信息具有主观性。鲁迅先生曾说，一部《红楼梦》，"因读者的眼光而有种种：经学家看见《易》，道学家看见淫，才子看见缠绵，革命家看见排满，流言家看见宫闱秘事"。[2] 相同的人工（社会）信息，在不同的接收者那里，也会产生不同的反映和理解。这既取决于接收者的认识水平，也在一定程度上受制于其社会文化背景和情感倾向。这就好比苹果掉在人的头上，有人觉得运气不佳白挨了一顿砸，有人觉得很幸运白捡了一个大苹果，也有人因此受到启发而发现了万有引力现象。然而，正是由于不同的人对同样的信息有不同的理解和反映，才使得人工（社会）信息的内容和变化更为多样、更为丰富。

——人工（社会）信息具有社会性。首先，人工（社会）信息的产生具有社会性。试想，一个像英国启蒙时期现实主义小说的奠基人、被誉为"英国和欧洲小说之父"的笛福笔下的"鲁滨逊"那样，在茫茫大海包围着的孤岛上离群索居、与世隔绝的人，他能够产生并发出什么可以为人们所接受的信息吗？**其次，信息的传递具有社会性。**比如求婚，作为一种表达和传递特定信息的行为，求婚者无疑可借助不同的方式和物件来表达自己的想法，但无论这些方式或物件如何花样翻新品类繁多，归根结底，都不过是人的一种社会性活动及其产物而已。**再次，信息的接收具有社会性。**从表面上看，接收信息好像只是人们个人自己的事情，接收到什么信息、接收到多少信息，和旁人以及社会有什么关系呢？但实际上，恰恰是人们所具有的社会属性、所在的社会地位、所处的文化环境，才最终决定了人们在信息接收上的差别。

——人工（社会）信息具有创造性。自然信息的产生和发送，只是一种自然事物机械的、随机的呈现和演化结果。人工信息的产生、传递和接收则不同，它与人的动机与行为密切相关，表现为人的一种创造性活动，是人的主观能动性发挥作用的结果。正是通过人们的创造性活动在不同事物之间建立起了特定的联系，人们才能以这种特定的联系为中介和桥梁，相互沟通、相互理解。

比如，你到了异国他乡，尽管语言不通、人情不熟，也能够不用咨询旁人而安全自如地穿行马路。为什么？因为你看见马路上有红绿灯，而且你知道红灯停、绿灯行是全球通行的交通规则，你只需按照灯光的指引或是停下或是过街即可。这一现象说明了什么？它表明，并不是颜色本身对人的行动有什么特殊指示意义，而是人们在不同的颜色和过街规则之间创造性地建立的特定联系在保证着人们的过马路行为能够正确而从容。由此类推，人类社会的观点、思想、规则、理论等，无不是人们创造性活动的结果，也无不体现着人工信息的创造性。

总的来说，正是由于信息具有上述本质和特性，才使得信息能够在自然界和人类的演化和发展中占据重要的基础性地位，并日复一日地发挥着重要作用。

在这里，我们要说明的是，本书以下讨论的信息多数情况下都是指人工信息，也就是社会信息。

二、信息既源于物质但又不等于物质
——"焚书坑儒"罪莫大焉

竹帛烟销帝业虚，关河空锁祖龙居。

坑灰未冷山东乱，刘项原来不读书。

唐代诗人章碣（836—905 年）在《焚书坑》一诗中，以特有的历史意识，为我们讲述了"焚书坑儒"的故事，至今读来仍让人心潮起伏，无限感怀。

"焚书坑儒"一事发生在公元前 213 年和前 212 年。当时，秦始皇为了维护刚刚统一的集权政治，进一步排除不同的政治思想和见解，下令坑杀"颂法孔子"的犯禁者"四百六十余人"，同时焚烧儒家典籍，很多珍贵的文献从此永远消失了。为此，太史公司马迁（前 145 年或前 135 年—？）在《史记·秦始皇本纪》中曾经作了这样的记叙："及至秦之季世，焚诗书，坑术士，六艺从此缺焉。"

皮之不存，毛将焉附。在纸张还没有发明和普及之前，竹简是我国古代先民重要的书写材料，当时的人们主要就是依靠它来镌刻文书、记录事项，以求保存人们所创造的精神文化成果和重要历史信息。在文化尚不发达的古代，竹简一旦损坏，就意味着那些记录在册的信息将永远归于消失。可见，大规模的焚毁书简，不仅造成了古代中国文化成果的重大损失，也从一个侧面向我们明示：

信息的记录和保存，必须依赖于一定的物质材料。

实际上，无论是古代还是现在，物质材料对于信息的保存来说都是不可或缺的。在竹简之后，人们先后发明了纸张、芯片、磁盘和光盘等，用于记录和存储信息。不管材料有何不同，它们作为记录信息的载体始终都是一种客观实在的物质。物质不仅是信息存储和传播的载体，更是信息产生和存在的本原。

信息起源于物质及其运动变化，不存在离开物质而独立存在的信息。

从马克思主义哲学的角度看，上述论断或结论是很好理解的，因为物质是世界的本原，世界统一于物质。既然如此，信息的产生、存储、处理、传递和接收等，当然也就离不开物质，必然要以物质为根基。然而，如果偏离马克思主义哲学的轨道，不能从物质第一性的原理出发来认识信息的本质的话，那么，哪怕是最顶尖的自然科学家，也会在信息与物质的关系问题上犯迷糊、闹笑话。

比如，维纳就曾经讲道："信息就是信息，不是物质也不是能量。不承认这一点的唯物论，在今天就不能存在下去。"[3] 维纳的这句"名言"有没有道理呢？从自然科学的角度看，信息的确既不同于物质也不同于能量，它有着自身独特的性质与特征。为此，还有人曾经打趣地说：没有物质，世界成为虚无；没有能量，世界归于静寂；没有信息，世界就没有意义。从某种意义上看，这样的比较也许不无道理。但是，就对信息本身的认识和理解来说，这样的理解就如同维纳的"名言"一样，充其量只能说其在对信息本质的把握上做到了"知其不是",但最终无法从科学的唯物论出发去洞悉信息的本质。

又比如，奥地利哲学家、批判理性主义的创始人波普尔（Popper，1902—1994 年）曾经提出过一个"世界 3"理论，认为整个世界并不像唯物主义者所认为的那样是由客观世界和主观世界构成的，而是由相互并存的三个世界即世界 1（类似于客观世界）、世界 2（类似于人的主观世界）和世界 3（包括信息和人的精神活动的产品等）构成的。在实证研究的层面上，波普尔的"三个世界"理论有助于我们在认识上对纷繁复杂的大千世界获得大体上的分类性把握。但是，如果据此就认为信息是某种能够不以物质为本原和基础、能够独立于物质和人的意识活动之外而单独存在的东西，而硬要把整个统一的物质世界划分成所谓的"三个世界"，就会滑到唯心论的泥潭里了。

事实上，通过对包括人类在内的整个宇宙的演化历程的考察，我们将能够清楚地看到：

所谓信息，其实就是客观物质世界在其演化过程中所产生出来的一种表征其自身结构、属性和过程的特殊联系形式，并将随着这一演化过程的高级化，随着人类社会实践的进化而越来越趋于复杂化和多样化。

——自然界的无机物虽然只有物理或化学的反应，但在这种反应中已经开始最简单的信息运动。比如，月光是对太阳光的反射，潮汐是海水对月球、太阳和地球之间引力变化的反应，矿石表面呈现出来的不同色彩是对氧化作用的反应。这种无机物在外界刺激下所发生的反应变化，实际上就是一种最简单的信息运动。

——到了有机物的阶段，出现了生物的反应形式。由于这种生物反应形式给有机的生命体带来了自我控制的新的功能，从而开始产生出较为复杂的信息运动。比如，在植物和低等动物身上，这种信息运动最初表现为刺激反应性，也就是说，它们对于直接作用于自身的环境有一种感应能力，能够对来自外界的刺激做出某种趋利避害的反应。比如，乌龟遇到外部攻击能够迅速缩进壳里保护自己，合欢树碰到外来物干扰时可以收拢自己的花叶，等等。植物和低等动物的这种反应，就是根据外界刺激而产生信息的过程，它使得有机体能够产生自我控制，从而适应变化了的外界条件。

随着有机体与环境之间关系的复杂化和环境刺激频率与强度的增加，某些生物体在进化过程中逐渐形成特殊的感觉细胞，产生了感觉能力。感觉能力的进一步发展和各种感觉器官的专门化，形成了神经系统，用以建立各种感觉器官之间的联系。神经系统的进一步发展，出现了中枢神经系统（包括脑和脊髓）与周围神经系统。高级动物通过神经系统和周围环境相联系，调节运动器官做出反应的反射过程，是一种更加复杂的信息运动。

——由于高等动物具有条件反射的机能，因而能够进行**更加复杂的信息活动。**比如，经过专门训练的猴子，能够听懂几十个单词，人们只要发出命令，它们就会爬上树枝，去采摘主人需要的树叶和花朵。显然，像猿猴这样的高等动物，经过训练能够戴上眼镜穿针引线、缝补手帕，并向人们挥手致意，表明其已具有接收和处理较为复杂的信息的能力。

高等动物发展到人类，产生了意识。人和动物一样，具有第一信号系统及条件反射，但人还具有动物所没有的第二信号系统，即由语言引起的另一类条件反射。人类在第一信号系统和第二信号系统的基础上进行的思维活动，既是一种意识活动，也是一种信息运动。随着意识的产生，出现了语言、文字等新的信息形式，从而使得物质的信息运动开始进入到包含意识观念成分的社会信息运动阶段。

——**思维这种最高级的反映形式，是人的社会活动的产物，也是信息运动到目前为止最高级、最复杂的形式。**人类和动物不同，不是简单地适应自然环境，而是有意识地把握各种各样的自然信息和人工信息，进而通过劳动改变自然环境，使之适合自己的需要。在劳动过程中，人正是通过对信息的处理和理解，才可能把自己同自然界区别开来，有计划、有目的地改造客观世界，达到对客观世界本质和规律的认识。人类社会实践活动使信息成为社会信息，而不是单纯的自然信息。

从信息随着物质的演化而不断产生和复杂化中可以看到，信息不仅是物质的产物，也是物质世界的普遍联系法则作用的结果，并且随着自然界的演化尤其是人类的出现和社会的发展而日趋复杂化和多样化。

从哲学意义上来说，信息是在物质基础之上演化而来的，它只能存在于物质之中，而不可能完全独立于物质之外。正是在这一点上，马克思主义哲学对于信息的本质的理解，不仅同各种非马克思主义的哲学有着原则性的区别，而且同自然科学关于信息的技术性理解也保持了显著的认识层次上的差异。

三、信息与意识既有联系又有区别
—— "蜻蜓低飞" 是要告诉人们 "天要下雨" 的信息吗

蜻蜓是我们在日常生活中常见的昆虫，自古以来它就是文人们喜欢描写的对象，并留下了许多脍炙人口的佳句。比如，"日长篱落无人过，唯有蜻蜓蛱蝶飞" "小荷才露尖尖角，早有蜻蜓立上头"。

蜻蜓也是人们在日常生活中借以观察预报天气的指示性动物，好多农谚都与其有关。比如，"蜻蜓飞得低，出门带蓑衣"；"蜻蜓赶场，大水当防"；"蜻蜓成群低飞绕天空，不过三日雨濛濛"，等等。这里我们要问的是："蜻蜓低飞"的现象，是否就代表了蜻蜓在向人们传递"天要下雨"的信息呢？要想正确地回答这个问题，就必须弄清楚信息和意识的关系。

在马克思主义哲学看来，意识作为物质世界长期发展的产物，是人脑这种高度组织起来的特殊物质的机能，是以人的生理为基础的一种特殊反映形式。由于人具有反映客观世界的意识活动能力，就能够通过自己的意识或思维活动，去发现、认识和把握客观事物的结构、属性、过程及其规律。由此可见，在信息和意识之间必然具有某种内在的、有机的联系。此外，现代信息科学的研究也证明：所有的意识或反映活动，都是借助一定形式的信息传递和交换来实现的。因此，人类的意识活动是与信息及其运动密切关联的。

那么，信息与意识的联系表现在哪些方面呢？

意识不仅仅是人类的自然生理现象，也是社会实践特别是生产劳动的产物，是一种社会现象，并将随着社会实践的发展、社会信息的丰富而不断发展和丰富。正如马克思、恩格斯所说："意识一开始就是社会的产物，而且只要人们存在着，它就仍然是这种产物。"[4]

由此出发，可以把信息与意识的联系概括为这样几个方面：

——信息是意识活动的对象。人的意识或精神活动包括感觉、记忆、思维。正是通过这些机能及其活动，人们不仅能够认识世界，而且能够改造世界。根据现代信息科学的研究成果，感觉的功能就是获得信息，记忆的功能就是储存信息，思维的功能就是处理信息，而人的完整的意识活动就是通过对作为对象的信息的接收、存储和处理，从而在确证自己作为一种对象化存在的同时，实现对客观世界的认识和把握。

——信息是意识活动借以展开的中介。根据现代通讯理论，信息不是由信源单向发出的某种"信号"或"密码"，而是在一个包含信源、信道和信宿的完整的通讯系统中构成的信号的流动及其解码，是在信源、信道和信宿三者之间建立起来的一种特定的联系形式。正是由于信息具有这样一种特征，人的感觉、记忆、思维等意识活动才能够正常地展开而不至于出现中断或紊乱。智障人之所以不能正常地感知、记忆和思维，关键在于他的意识活动不能建立正常的信息机制。其结果，要么是只能获得信息，要么是只能储存信息，要么是只能处理信息，却无法在获得、储存和处理信息这三者之间建立起完整的连接链条和意义秩序。

——信息是意识活动的产物。虽然信息来源于物质并依赖于物质，但光有物质世界及其运动变化，也产生不了信息。无机物之间也有反应，有机物尤其是动物由于具有反射能力，也能够在一定程度上和他物建立联系，但这种联系充其量只是一种简单的无条件反射，体现的是物种的本能。比如，北雁定时南飞，大马哈鱼定期回游到自己的出生地去产卵，并不是有什么神秘的动物"意识"在起作用，而只不过是受一种本能的驱使。而人则不同。人由于具有意识，从而能够在他所接触到的各种各样的事物及其运动之间建立起某种稳定的、有序的联系。人的这样一种能够通过意识活动把客观世界自在存在的属性、结构和功能转化为人们能够反映和认识的对象的过程，实际上就是真正的信息的产生过程。

有了对信息与意识关系的这样一种认识，我们再回过头来看一看"蜻蜓低飞，天要下雨"的现象。可以看到，一方面，"蜻蜓低飞"并不是说蜻蜓知道天要下雨，并由此向我们发出"天要下雨"的信息。蜻蜓之所以在下雨前低飞，只是因为或者翅膀凝结了水汽而不得不下坠，或者是为了防范雨点、冰雹或雷电的伤害而本能地降低飞行高度。恰恰是因为天要下雨了，才使得蜻蜓低飞。另一方面，人们之所以由蜻蜓低飞而能够"接收"到天要下雨的信息，其实是因为人们在日常生活与劳动中，曾经无数次观察到"蜻蜓低飞"与"天要下雨"之间在时间上的前后相继现象，并在此基础上总结经验，从而在"蜻蜓低飞"和"天要下雨"两者之间建立了稳定的思维联系。

可见，所谓"蜻蜓低飞，天要下雨"，并不是蜻蜓向我们发出了某种特定信息，而是人类意识或思维活动在不同的事件之间建立了联系，使得一种事物或现象的出现，在某种程度上代表了另一种事物或现象的存在，究其本质，是人的意识活动把握了客观事物运动变化的相互联系及其规律的结果。因此，如果把蜻蜓当作"天要下雨"的信息发出者，那就要贻笑大方了。

四、信息与人的实践活动
——虚拟实践也是一种实践活动吗

"没有驾照的人也可以开车了！"

这是某公司的一则广告。当然，这则广告并不是"教唆"人们去违反交通规则，而是该公司为其开设的汽车模拟驾驶课程打出的宣传语。

模拟驾驶又被称为虚拟驾驶，是利用现代高科技手段，比如三维图像即时生成技术、汽车动力学仿真物理系统、大视场显示技术（如多通道立体投影系统）、六自由度运动平台（或三自由度运动平台）、用户输入硬件系统、立体声音响、中控系统等，让体验者在一个虚拟的驾驶环境中，感受到接近真实效果的视觉、听觉和体感的汽车驾驶体验，进而掌握实实在在的驾驶技术。虚拟驾驶技术的出现，既能够为初学者提供和实地驾驶训练同样的驾驶感受和技巧，又能够有效地避免实地训练中可能遇到的诸多难题，比如安全保障、场地有限等，一经问世即深受人们的欢迎。

实际上，伴随着现代信息技术的飞速发展和互联网的普及，不独汽车驾驶，很多现实世界中的场景和行为都能够被搬到由计算机仿真和互联网所构筑的虚拟空间中去，并由此产生出了一种全新的实践类型——虚拟实践。相比人们在现实空间中的实践活动，虚拟实践表现出了一些前所未有的新特点。这就向我们提出了一个问题：虚拟实践是一种真实的实践活动吗？如果我们承认虚拟实践也是一种实践形式，那么，它和现实的实践有什么联系和区别呢？为了搞清楚这个问题，让我们先从实践的发展谈起。

实践是人们有目的地进行的能动地改造和探索现实世界的一切社会性的客观物质活动。人的社会实践的形式是多种多样的。变革自然的物质生产实践、处理人与人的关系即变革社会的社会政治实践和创造科学文化的科学文化实践这三种基本的实践形式，就其实现方式而言，都是在现实的时空中进行的，都是从事实践活动的主体与客体的对象化过程，通常都是物质性的或感性的。因此，现实的实践活动总是具有直接的现实性。

虽然虚拟实践是在信息时代才出现的一种新的人类活动形式，是人类历史上从未有过的，但究其本质而言，它也不过是人们运用虚拟现实技术在电脑网络空间中有目的地进行的、能动地改造和探索虚拟客体，同时间接地影响和改造现实客体的一种物质的能动的客观活动。

这种活动虽然具有或渗透着更多的技术因素或认识因素，尤其是虚拟实验本身就是一种探索性的认知活动，然而，这却丝毫不影响虚拟实践是一种不同于纯精神活动或意识活动的实践活动。这就好比人们在现实的社会时空中所从事的实践活动也渗透着理论、观念和认识，却并不影响这些活动具有实践的性质一样。

具体来说，虚拟实践之所以具有人类实践的品格，从而可以成为一种人类社会实践活动的新的形式，原因就在于：

——虚拟实践是具有客观现实性的感性活动。无疑，虚拟现实活动是在一定目的支配下的有意识的活动，其中当然包含着精神活动或观念的内容，但是，如果就此把它归结为一种纯粹的精神活动，那就大错特错了。为什么这样说呢？因为，精神活动作为人的主观性活动，是根本不可能超出人脑的存在范围的，更不可能直接去改变现实的客观对象。然而，虚拟现实活动却可以改变电脑网络空间中以"比特"形式存在的客观对象，并且这种改变的过程和结果，都是可以被人们感知的感性活动。在虚拟现实活动中，人们之所以能够把外部世界中的物质存在以及人脑中的观念存在转变为电脑网络空间中的虚拟存在，乃是因为人们是作为感性实体，并且通过感性的操作手段，去同电脑空间中的感性存在发生关系和相互作用的。

——虚拟实践活动是人的一种能动的和自由自觉的活动。实践是一种有目的的活动，能够使客观世界中的对象按照人的意志和要求得到改造，成为能够满足人的需要的"为我之物"。同时，人的活动的目的性还体现了实践的自主性和自觉性，而只有自觉的活动才能够真正体现人类的本质，成为人所特有的活动。虚拟实践不仅具有明显而强烈的能动性、目的性、自主性和自觉性，是人类充分发挥自己的本质力量、发挥自身的自主性和创造性的结果，而且同一般的人类实践活动相比，虚拟实践活动的能动性、自主性和自由度要大得多。实际上，在虚拟空间中，人们可以按照自己的意愿，在虚拟技术所能支持的水平上和范围内，从事几乎能够想象出来的任何实践活动。比如，人们可以变成一只雄鹰在天空翱翔，可以使时光倒流，也可以到人的血管里去旅行，等等。

——虚拟实践活动也是一种具有社会性和历史性的活动。虽然虚拟现实活动发生在虚拟的电脑网络空间中，但是，作为从事虚拟现实活动的主体的人，其本质是一切社会关系的总和，具有社会性；他在从事虚拟现实活动时所运用的物质性工具和手段，都是社会历史的产物，都具有社会性；他通过虚拟现实活动所要加工、处理和改造的对象，是通过计算机和其他信息技术手段创造的。因此，虚拟现实活动既不是纯精神、纯思想、纯意识的活动，也不是一种虚无缥缈、子虚乌有的活动，更不是一种脱离现实社会的超自然、超社会、超历史的活动。相反，它在本质上就是由具有自然属性、社会属性和历史属性的人所从事的一种现实的活动。

一旦确认了虚拟实践是人类实践活动的一种新的形式，是在信息时代出现的一种新的实践活动形式，那就意味着，虚拟实践必然具有不同于"三大实践"即物质生产实践、社会政治实践和科学文化实践的特点。

——虚拟实践不等于变革自然的物质生产实践。虚拟现实活动并没有直接改变自然客体，它所改变的只是虚拟客体。虽然对于虚拟客体的改造最终会有助于人们实际地改造现实的自然客体，但不能把虚拟现实活动对虚拟客体的改造等同于直接改变自然客体的现实的生产活动。

——虚拟实践不同于处理人与人之间关系的社会政治实践。虚拟实践得以发生的电脑网络空间，虽然具有一定的客观实在性，但是，同现实的物质世界相比，它只是现实的物质世界的"影像"或"仿真"，而不是现实的物质世界本身。飞行员不会因为在虚拟空间中撞机而丧生，物理学家不会因为在虚拟空间中模拟核试验而受到核辐射和核污染的伤害，普通人也不会因为在网络上相互"干仗"而遭致身体上的伤害。

——虚拟实践也不同于创造科学文化成果的科学文化实践。虚拟实践的目的，并不是为了获得精神文化产品。通常，人们在网络上通过虚拟实践而进行的虚拟购物、虚拟教学、虚拟飞行、虚拟战争等，主要并不是以探索客观对象、获得精神产品为目的，相反，在大多数情况下，它就是人们的一种现实的社会活动，是一种直接的社会生活或生活的一部分。虽然随着计算机科学的发展，已经现实地形成了一种新的科学实验形式，即计算机实验，从而使得虚拟现实活动可以作为一种科学实验的新的辅助形式，或者作为一种独立的科学实验形式，但不能就此把虚拟实践活动简单地等同于创造科学文化知识的科学实验活动。

就此而论，完全可以说，虚拟实践是身处信息时代的人类特有的一种社会活动。它既体现了人类现实的社会实践活动的一切固有特征，又表现出一般的现实社会实践活动通常所不具有的新的特点，是时代发展在人的实践活动上的聚集和涌现。

具体来看，虚拟实践的特点大致有这样几个方面：

——虚拟实践在表现上具有二重性。从社会整体的层面看，虚拟实践是人类能动地改造和探索客观世界的社会活动，具有直接的现实性和普遍性，它同人们从事的其他一切现实的社会实践活动并没有本质区别。从具体的实践过程来看，虚拟实践是一种特殊的实践活动形式，具有虚拟性的特征。从某种意义上说，如果把现实的物质实践活动看作一种实体性的活动形式的话，那么，虚拟实践则是这种"实体"的投影，两者之间可谓是一种"实物"与"影子"的关系。打个比方来说，任何物体在镜子中都会产生自己的镜像，其时，物体是实体，镜像是虚像，但镜像却不是虚无，而是某种不具有实体性的客观存在。

——虚拟实践在内容上具有二重性。一方面，从整体上看，虚拟实践是人们运用计算机和网络等信息技术手段认识和改造客观世界的感性活动，也是人们用来认识和改造主观世界的活动。另一方面，从个体的角度看，虚拟实践是一些人类个体在电脑网络空间中所从事的一种内化的感性活动，这种活动只有那些实际从事虚拟现实活动的人才能切身地感受到，而其他个体通常则不能真正地感受到虚拟实践的具体过程及活动内容。虚拟实践既是一种可感知的感性活动，又是一种内化于电脑网络空间的隐性活动。

——虚拟实践在活动手段和对象上具有二重性特征。一方面，虚拟实践需要有电子计算机和网络等"硬件"作支撑，没有一定的"硬件"条件，虚拟实践无法进行。另一方面，虚拟实践需要一定的"软件"作支撑，否则，即使有再高级的计算机和网络设备，虚拟实践也无法进行。此外，人们在进行虚拟实践时，往往还需要一定的对象，在通常情况下它就是以"比特"形式存在的信息。

——虚拟实践在功能上无疑具有创造性和超越性。人们通过现实的社会实践，不断地改造世界，创造更适宜于人类生存和发展的环境，还通过虚拟现实技术的手段，有目的、有意识地创造一个与现实世界相互渗透、相互转化的虚拟世界，不断确证人类的创造性和超越性。特别值得一提的是，目前利用虚拟现实技术，人们已经可以为思想或观念等赋予一定的图形或形状，并且可以随意地对它的变化做出反应，就几乎如同自己心里发生的事情一样。比如，现在有一种心理测试仪，在特殊的软件系统支持下，它可以通过一棵大树树叶的变化来显示人们所承受的心理压力的大小及其变化：枝繁叶茂时，表明人的心理压力小；树叶枯落时，表明人的心理压力大。

五、网络社会不过是现实社会的延伸和反映
——虚拟时空并不虚无

在英语中，Twitter 并不是一个常用的词汇，它的含义是"鸟的鸣叫声"。但是，一个以 Twitter 命名的微博客网站，却让全世界在一瞬间记住了这个冷僻的英文单词。

2012 年美国东部时间 11 月 7 日晚上 11 点 15 分，通过在 Twitter 上建立的个人主页，美国总统奥巴马（Obama，1961 年— ）正式宣布，自己已经赢得了与共和党总统候选人罗姆尼（Romney，1947 年— ）的总统竞选之争："因为你们，这一切才最终成为现实。"奥巴马发出的这一条短信，就好像是一声响亮的"鸣叫"，不仅让无数人从此记住了 Twitter 这个词，也在很大程度上使人们清醒地意识到：类似于 Twitter 这样的以互联网为基础的社交媒体和社交网

站，已经在人们的生活中开始发挥前所未有的作用。

从技术上讲，Twitter 就是一个能够支持用户实时发布短消息的社交网站。由于它只允许一次最多输入并发送 140 个字符，因而，相对于能够容纳长篇大论却不能实时发布的博客网站而言，人们为之加上了"微"的前缀。然而，虽然 Twitter 只是一种"微型"博客，但它所具有的实时发布和在理论上可以面向无限用户的特点，却使其作用大大超出了人们的想象！正如有人曾经描述的那样："如果你在微博里拥有 10 万'粉丝'，就相当于你拥有了一个新闻网站；当你有了 100 万'粉丝'，就相当于拥有了一份全国性的报纸；当你有 1 亿'粉丝'时，你就是中央电视台。"

的确，置身于如今这样一个信息涌动不息、媒体无处不在的全媒体时代，人们不得不承认，以微博和微信等为代表的各种信息新技术的不断涌现，尤其是虚拟时空的横空出世，不仅从根本上改变着人们获取和传递信息的方式，也更深刻地改变和塑造着人类社会本身。

所谓虚拟时空，也可以称为虚拟社会（Virtual Society）或赛博空间（Cyber-Space）。从技术角度看，虚拟时空首先是一个以互联网为基础和支撑，通过各种信息处理终端的有线或无线连接而形成的信息技术系统。然而，由于这一庞大的技术信息系统融合了电话、电报、传真、电视等诸多传统的信息交流方式的功能，能够传送文字以及声音、图像、视频等多种超文本信息，能够帮助人们实现信息的互动、交流与共享，能够使人们便捷地开展包括社会交往、商品销售、物流管理、在线学习、远程医疗、广告宣传等在内的难以尽述的社会经济文化活动。

从某种意义上说，虚拟时空实际上已经成为一种以信息网络技术和人的活动的有机整合而构成的网络社会。

同人们所熟悉的现实社会系统相比较，虚拟时空具有以下几个特征：

——虚拟时空的运作方式具有"数字化"的特点。在虚拟时空中，人们的自然关系和社会关系都是建立在以比特为单位的数字化信息的生产、存储、传递、交换和控制的基础之上，并通过这一系列的数字化的过程而反映出来。

——虚拟时空的存在范围同时具有时空压缩性和伸延性。在虚拟时空中，文本、声音、图像和视频等信息形式以数字的形式组织起来，并以电子作为载体进行传输时的高速度和空间距离暂时消失的性质，实际上就是虚拟时空"时空压缩性"的具体体现；而网络浏览、电子邮件、博客、微博、微信等网络行为的出现，则在某种意义上代表了人们社会活动范围的扩张和延伸。

——虚拟时空在功能效应上具有交互性和多维性的特

点。交互性是指虚拟时空作为一个整体所表现出来的所有现象与后果，实际上都是由于人们的网络行动的交互作用而产生和扩张出来的。多维性则是指虚拟时空的社会后果既可以以文本、声音、图像和视频的方式表现出来，也可以以现实社会中人们的多种行为表现的形式表现出来。

正是由于具有上述特征，虚拟时空的出现为人类的生存、发展和交往以及人类文明的演进带来了积极而巨大的影响。正如人类历史上的任何新生事物都有其两面性一样，虚拟时空的出现对于人类社会既有积极的影响，也有消极的作用。

虚拟时空的负面影响，主要表现在以下几个方面。

——信息过剩。所谓信息过剩，是指信息的生产、传播、接收和处理超过了人们的实际需求和能力，从而使人不能有效地和充分地选择、吸收、利用和发挥信息的作用，使得信息不可避免地被贬值。比如，美国 CNN 赖以闻名的全新闻模式，表面上为人们提供了无所不包的新闻信息，但在很大程度上却不过是把铺天盖地而又空洞无物的画面和词藻甩给了这个世界。

——信息垃圾。所谓信息垃圾，是指在虚拟时空中产生的毫无价值的、对人有害的信息。一般来说，信息垃圾主要有这样几类集中表现形式：已经过时的、落后的信息与知识，或者说已经被新知识超越的新信息和知识；既不符合事实，也不符合逻辑的信口开河、胡说八道式的信息甚至谣言；违背社会伦理道德规范的淫秽图文、声音、视频等之类的黄色信息，等等。

——**信息崇拜**。所谓信息崇拜，是指对虚拟时空的出现尤其是它所带来的巨大社会效应不能正确认识，从而对信息的作用给予无限夸大的盲目态度和做法。"信息就是财富""信息就是权力""信息就是金钱""信息就是一切"等，就是对于信息的盲目崇拜，对于信息的过誉之词。不是出于利益驱使下的人为夸大，就是利害关系诱导下的错误导向。

——**信息异化**。所谓信息异化，是指随着虚拟时空的出现及其对人类社会影响的日渐深入，使得人们所特有的一些属性和本质力量正在异化为与人相对立的属性和力量。例如，人对网络的依赖、网络黑客以及网络监控等。尤其是近年来由"斯诺登事件"所揭示出来的美国对全球实施网络监听的"棱镜计划"，不仅把信息异化问题推向了全球谴责和讨论的焦点，也在很大程度上让人们乃至整个社会谈网色变。

这些问题的出现，原因是多方面的。既有由于虚拟时空自身的技术特点而导致的问题，比如信息过剩问题；也有由于人们难以把自己在现实社会与虚拟时空中的观念与行为协调起来而导致的问题，比如信息垃圾、信息崇拜和信息异化等。更重要的是与社会的治理、意识形态的导向密切相关。面对虚拟时空的出现和扩展，人们在享受它所带来的巨大好处的同时，必须看到它所带给人们的负面影响。

一般而论，不论虚拟时空具有怎样的高新技术特点，它仍然是现实的社会生活和社会关系的表现，而不是脱离人的社会生活和社会关系的"自在之物"。虚拟时空并不虚无。

能否把虚拟时空有效地纳入人类现实的社会系统之中，把人们在虚拟时空中的观念和行为有序地纳入现实的人类价值体系和道德规范之中，将是人们在信息时代能否安顿自身，并更好地推动社会发展进步的关键。

实际上，对于信息技术的发展可能带来的负面作用，控制论的创始人维纳早就指出，信息技术是对短期社会稳定的威胁，甚至可能是长久的灾难。也正因为如此，他在创立了控制论之后，为了使科学技术不至于背离人类的道德规范，曾专门撰写了《人有人的用处》一书，从而把各种对新技术的讨论提高到了伦理道德的认识层次。

面对虚拟时空不断发展和深化的未来，人们在享用信息和信息技术带来的巨大福利的同时，还必须高度关注虚拟时空中的"新秩序"和"新价值"的建立问题。所谓的"新秩序"，应当是一个能够保证人类继续生存下去的公正的网络社会生态格局；所谓的"新价值"，应当是一个所有网民均能遂生乐业、发扬人生价值的网络心态秩序。

随着信息网络技术的飞速发展，现代社会正在演变为一个信息高度膨胀和快速流动的庞大的信息社会系统。借助于强有力的信息传输工具，人们足不出户就能知天下事、就能办天下事，就能认识世界和改造世界。这既是信息的本质使然，更是人类实践的不断发展和不断超越的特征使然。

结　语

自铸器铭文的青铜器时代，到今天的计算机网络时代，人类文明的发展史从一定意义上说就是处理、开发和运用信息的历史。语言的产生，文字的出现，造纸术和印刷术的发明，计算机和互联网的问世，包括如今正方兴未艾的微博、微信、网银和移动支付等，人类历史上信息技术的每一项重大突破都促进了社会生产力的发展，推动了人类文明的进步。信息、信息世界和信息时代不仅是辩证唯物主义要回答的问题，也是历史唯物主义要回答的问题。马克思主义哲学必须对信息范畴、信息世界和时代特征、信息规律和特征给予科学的回答，以便更好地运用信息造福于中国特色社会主义事业、造福于全人类。

注　释

1　《马克思恩格斯文集》第 1 卷，人民出版社 2009 年版，第 191 页。

2　鲁迅:《集外集拾遗·〈绛洞花主〉小引》,《鲁迅全集》第 8 卷，人民文学出版社 1981 年版，第 145 页。

3　N．维纳:《控制论》,科学出版社 1963 年版，第 133 页。

4　《马克思恩格斯文集》第 1 卷，人民出版社 2009 年版，第 533 页。

附　录

《新大众哲学》总目录

学好哲学　终生受用
——总论篇

插上哲学的翅膀，飞向自由的王国

　　——哲学导论

　　一、为什么学哲学

　　二、哲学是什么

　　三、哲学的前世今生

　　四、哲学的左邻右舍

　　五、怎样学哲学用哲学

　　结　语

与时偕行的哲学

　　——马克思主义哲学

　　一、以科学赢得尊重

　　二、以立场获得力量

　　三、用实践实现革命

　　四、因创新引领时代

　　结　语

立足中国实际"说新话"

　　——马克思主义哲学中国化

反对主观唯心主义

——唯物论篇

坚持唯物论，反对唯心论

——唯物论总论

一、全部哲学的最高问题

——关于思维与存在关系问题的大讨论

二、哲学上的基本派别

——南朝齐梁时期的一场形神关系论辩

三、坚持唯物论，反对唯心论

——失散多年的"孩子"终于找回来了

结　语

世界统一于物质

——物质论

结　语

实现人与自然的和谐发展

　　——自然观

　一、自然观问题的重新提出

　　　——"美丽的香格里拉"

　二、自然观的历史演变

　　　——泰勒斯与"万物的起源是水"

　三、马克思主义自然观

　　　——笛福与《鲁滨逊漂流记》

　四、实现人与自然和谐发展

　　　——温室效应和"哥本哈根会议"

　结　语

信息化的世界和世界的信息化

　　——信息论

　一、信息的功能与特点

　　　——"情报拯救了以色列"

　二、信息既源于物质但又不等于物质

　　　——"焚书坑儒"罪莫大焉

　三、信息与意识既有联系又有区别

　　　——"蜻蜓低飞"是要告诉人们"天要下雨"的信息吗

　四、信息与人的实践活动

　　　——虚拟实践也是一种实践活动吗

要把握适度原则

——质量互变规律

结　语

把握事物联系与发展的基本环节

　——唯物辩证法的重要范畴

　一、反对形式主义

　　——从文山会海看内容与形式

　二、透过现象看本质

　　——怎样练就"火眼金睛"

　三、善于认识原因与结果的辩证关系

　　——话说蝴蝶效应与彩票中奖

　四、通过偶然性把握必然性

　　——"杂交水稻之父"袁隆平的成功

　五、可能在一定条件下可以转化为现实

　　——"中国梦"与"中国向何处去"

　结　语

认识世界的目的在于改造世界

　——认识论篇

从实践到认识，又从认识到实践

　——认识论总论

　一、实践是认识论首要的基本观点

　　——纸上谈兵，亡身祸国

人类思想史上的新历史观

——历史观篇

五、自原始公社解体以来的人类历史都是阶级斗争的历史

　　——毛泽东与梁漱溟的一场争论

六、科学说明社会历史现象的根本方法

　　——授人以鱼不如授人以渔

结　语

不以人的意志为转移的社会发展规律

　　——历史决定论

一、社会发展是一个自然历史过程

　　——"逻各斯"与社会规律

二、不断从低级向高级发展的"社会有机体"

　　——《小蝌蚪找妈妈》的故事

三、人类社会发展"最后动力的动力"

　　——强大的古罗马帝国为什么衰亡了

四、历史发展的"合力"作用

　　——黑格尔的"理性的狡计"

五、正确认识和处理社会主义社会矛盾

　　——从波匈事件看社会主义社会矛盾问题

结　语

做历史发展的促进派

　　——历史选择论

一、历史不过是追求着自己目的的人的活动而已

　　——风云际会的近代中国

人的精神家园

——价值论篇

深刻洞悉价值世界的奥秘

　　——价值论总论

荡起幸福人生的双桨

——人生观篇

后记

2010年7月4日，中国社会科学院院长王伟光教授（时任常务副院长）主持召开了《新大众哲学》编写工作第一次会议，传达了中共中央宣传部关于编写《新大众哲学》课题立项的决定，正式启动了这一重大科研任务。在启动会议上，成立了依托中国辩证唯物主义研究会、以中国社会科学院与中共中央党校的专家学者为主的编写组，由王伟光教授任主编，李景源、庞元正、李晓兵、孙伟平、毛卫平、冯鹏志、郝永平、杨信礼、辛鸣、周业兵、王磊、陈界亭、曾祥富等为编写组成员。

从2010年7月初到8月底，编写组成员认真走访了资深专家学者。对京内专家，采取登门拜访的形式；对京外学者，则采取函询的方式。韩树英、邢贲思、杨春贵、汝信、赵凤岐、黄楠森、袁贵仁、陶德麟、侯树栋、许志功、陈先达、陈晏

清、张绪文、宋惠昌、沈冲、卢俊忠、卢国英、王丹一、赵
光武、赵家祥等充分肯定了编写《新大众哲学》的重要意
义，提出了有价值的建议（其中一部分书面建议已经安排在
《马克思主义哲学论丛》上分期刊发了）。编写组专门召开
会议，对各位专家提出的意见和建议进行了充分讨论，认真
吸取各位专家的建言。

编写组认真提炼和归纳了马克思主义哲学关注并需要回
答的 300 个当代重大理论与现实问题。从 2010 年 7 月 31 日
到 11 月底，编写组对这些问题进行了反复研讨和精心梳理。
经过充分讨论，编写组把《新大众哲学》归纳为总论、唯物
论、辩证法、认识论、历史观、价值论和人生观七个分篇，
拟定了研究写作提纲，制订了统一规范的写作体例。

《新大众哲学》编写组成员领到写作任务后，自主安排
学习、研究与写作。全组隔周安排一次研讨会，对提交的文
稿逐一进行研究讨论。在王伟光教授的带动下，这种日常
性的集中讨论在三年多的时间里一直得到了严格坚持，从
2010 年 7 月启动到 2013 年 10 月已持续了 80 次，每次都形
成了会议纪要。写出初稿后，还安排了 3 次集中讨论，每次
集中 3 天时间。这些内容都体现在《新大众哲学》的副产品
《梅花香自苦寒来——新大众哲学编写资料集》中。

主编王伟光教授在公务相当繁忙的情况下，一直亲自主

持双周讨论会，即使国外出访或国内出差也想办法补上。他在白天事务缠身的情况下，经常在夜间加班，或从晚上工作到凌晨 2 点，或从清晨 4 点开始工作。他亲自针对问题拟定了写作提纲，审改了每份初稿，甚至对相当多的稿件重新写作，保证了书稿的质量与风格。可以说，在编写《新大众哲学》的过程中，他投入了最多的精力，奉献了最多的智慧。

经过三年多的努力，大部分稿件已基本成稿。为统一写作风格并达到目标要求，王伟光教授主持了五次集中修订书稿。每一次修改文稿，每稿至少改三遍，多则十遍。第一次带领孙伟平和辛鸣，于 2013 年 5 月对所有书稿进行统稿，相当多的书稿几乎改写或重写。在这个基础上，他于同年 7—10 月重新修订全部书稿，改写、重写了相当多的书稿，做了第二次集中修订。2013 年 11 月，王伟光教授将全部书稿打印成册，送请国内若干资深专家学者再次征求意见。韩树英、邢贲思、杨春贵、赵凤岐、陶德麟、侯树栋、许志功、陈先达、陈晏清、张绪文、宋惠昌、赵家祥、郭湛、丰子义等认真阅读了书稿，提出了中肯的修改意见。在这期间，王伟光教授对书稿进行了第三次集中审阅、改写和重写。2013 年 12 月上旬，其对书稿进行了第四次集中审阅和改写。2014 年 1 月 5 日，根据专家意见，编写组成员进行了一次，即第 81 次集中讨论。2014 年 1—3 月分别作了初步修改。在此基础上，王伟光教授于 2014 年 3—6 月进行了第五次集中修改定稿，对每部书稿做了多遍修改，甚至重写。孙伟平也同时阅改了全书，辛鸣、冯鹏志阅改了部分书稿。于 2014 年 6 月 8 日，书稿交由人民出版社和中国社会科学出版社出版。同年 7 月，王伟光教授和孙伟平同志根据编辑建议修订了全部书稿，8 月审改了书稿清样。

在《新大众哲学》即将面世之际，往事历历在目。在这四年左右的时间里，编写组成员牺牲了节假日和平常休息时间，花费了大量的精力和心血。出于对马克思主义哲学的忠诚、信念和追求，老中青学者达成了共识，并紧密凝聚在一起，不辞劳苦，甘于奉献。资深专家的精心指导和严格把关，是《新大众哲学》提升质量的重要条件。《新大众哲学》在写作过程中，参考了《大众哲学》《马克思主义哲学纲要》《通俗哲学》等著述。黑龙江佳木斯市市委书记王兆力、北京观音阁文物有限公司董事长魏金亭、大有数字资源公司董事长张长江、北京国开园中医药技术开发服务中心董事长高武等，提供了便利的会议场地和基本的物质条件，这是《新大众哲学》如期完成的可靠保障。人民出版社和中国社会科学出版社对此书出版高度重视，编辑人员展现了一流的编辑水平和敬业精神。我们一并表示诚挚的感谢！

新大众哲学

目 录

一、矛盾规律是事物存在和发展的根本法则

　　——《周易》和阴阳两极对立统一说

二、矛盾的普遍性与特殊性是统一的

　　——具体地分析具体的矛盾

三、矛盾双方既统一又斗争

　　——杨献珍与"一分为二""合二而一"的争论

四、矛盾是事物变化发展的根本原因

　　——没有"好"矛盾与"坏"矛盾之分

五、善于集中力量解决主要矛盾

　　——人民军队克敌制胜的战略策略

六、矛盾的精髓

　　——公孙龙《白马论》的"离合"辩

结　语

要把握适度原则

　　——质量互变规律

一、既要认识事物的量与质，更要研究事物的度

　　——汽会变水、水又会变冰

二、认识质量互变规律，促进事物质的飞跃

　　——达尔文"进化论"、斯宾塞"庸俗进化论"与居维叶"突变论"

三、把握总的量变过程中的部分质变

　　——关于中国特色社会主义所处时代和历史方位的科学判断

四、要研究质量互变的特殊性

　　——事物质变的爆发式飞跃和非爆发式飞跃